Competências da Vida

Claudia Blaia

Competências da Vida

Uma reflexão sobre comportamentos habituais que podem nos aproximar ou distanciar das pessoas, seja no papel pessoal ou profissional.

QUALITYMARK

2023

Direção Editorial	Produção Editorial
SAIDUL RAHMAN MAHOMED editor@qualitymark.com.br	**EQUIPE QUALITYMARK**
Capa e Ilustrações	Editoração
LETÍCIA BENEVIDES VIANA	**FELIPE LIMA DOS SANTOS**

CIP-Brasil. Catalogação-na-fonte
Sindicato Nacional dos Editores de Livros, RJ

B567c

Blaia, Claudia
Competências da Vida / Claudia Blaia. – 1. ed. – Rio de Janeiro : Qualitymark Editora, 2023.
180 p. : il. ; 21 cm.

Inclui bibliografia
ISBN 978-85-414-0428-0

1. Administração Pessoal. 2. Desenvolvimento Pessoal. I. Título.

23-83848 CDD: 658.3
CDU: 005.95/.96

Gabriela Faray Ferreira Lopes – Bibliotecária – CRB-7/6643

2023
IMPRESSO NO BRASIL

Qualitymark Editora Ltda.
Rua Carlos Machado, 155 – sl. 207
Polo Cine e Vídeo – Jacarepaguá
CEP: 22775-042 – Rio de Janeiro – RJ

www.qualitymark.com.br
E-mail: quality@qualitymark.com.br
Tels.: (21) 3597-9055 / 3597-9056
Vendas: (21) 3296-7649

Mantenha seus pensamentos positivos, porque seus pensamentos tornam-se suas palavras.

Mantenha suas palavras positivas, porque suas palavras tornam-se suas atitudes.

Mantenha suas atitudes positivas, porque suas atitudes tornam-se seus hábitos.

Mantenha seus hábitos positivos, porque seus hábitos tornam-se seus valores.

Mantenha seus valores positivos, porque seus valores...

Tornam-se seu destino!

Mahatma Ghandi

Sumário

Prefácio

Recebi com grata satisfação a visita de Claudia Blaia em meu escritório quando do convite para prefaciar o seu livro Competências da Vida. Claudia trata-se de um presente que o destino me deu para pensarmos juntos a construção de uma política de gestão de pessoas para a Agripec. Desse tempo, e lá se vão mais de 25 anos, guardo as ricas reflexões feitas com ela e nossos executivos até nas viagens de trabalho a bordo de um avião no trajeto Fortaleza - São Paulo.

Reflexões que me marcaram profundamente na estrada como empresário e me fizeram entender que a gestão de pessoas, caso obedeça a métodos e técnicas atestadas, jamais pode prescindir da capacidade do líder de procurar se colocar na posição do liderado. Devo à Claudia esse aprendizado, graças ao seu conhecimento da alma humana e a sensibilidade no trato com o outro, aspectos marcantes de sua personalidade.

Aprendi com o tempo que todo ser humano tem características próprias, e o papel do líder é descobrir essas qualidades e potencializá-las ao máximo. Tanto isso é regra na minha conduta como gestor, que as admissões em minhas empresas passam todas pelo meu crivo. Aprendi isso com Claudia Blaia e guardo esse ensinamento com um imenso carinho.

Ao ler Competências da Vida, vi-me fazendo uma reciclagem sobre as reflexões com Claudia Blaia. Temas como respeito, iniciativa, paciência, simplicidade, resiliência, administração do tempo, entre outros, todos abordados com muita propriedade e delicadeza no livro, continuam tão ou mais atuais do que até os que se relacionam ao aspecto técnico. Acrescentaria ainda que a empresa ou instituição, ao desprezá-los, pode estar jogando fora joias raras que poderiam perfeitamente ser adotadas. Este sempre foi o estilo Claudia Blaia de se trabalhar.

Hoje, sou uma pessoa que aprendeu a enxergar nas pessoas que me cercam as qualidades que me faltam, justamente porque escolho trabalhar e estar próximo dos que me completam. Assim, sou engenheiro, arquiteto, advogado, economista, artista, design, enfim. E isso se deve ao exercício de várias das conversas tidas sobre os temas tratados por Claudia em sua obra.

Nesse aspecto, diria que competências da vida é saber lidar com as pessoas em seus diversos ambientes, sejam profissionais, sejam pessoais, pois como bem relata Claudia, envolve o dia a dia com suas dificuldades, tristezas, vitórias e incertezas. E quem descobre essa condição, descobre que o ser humano é verdadeiramente uma dádiva de Deus, com suas fraquezas e virtudes a nos surpreender sempre. Mas esta já é uma discussão para outro livro.

Por fim, deixo aos leitores como sugestão que a obra Competências da Vida seja apreciada como um daqueles instantes únicos de nossas vidas, que devem ser absorvidos ao máximo, com prazer e sabedoria.

Bom aprendizado em sua leitura!

Beto Studart
Empresário, Presidente do Grupo BSPar

> Beto Studart comanda o Grupo BSPAR, conglomerado de empresas cearenses no mercado imobiliário, com a BSPAR Incorporações; na área financeira, com a BSPAR Finanças e a BScash. Braço de responsabilidade social da BSPAR, a Fundação

Beto Studart de Incentivo ao Talento existe há 18 anos apoiando dezenas de entidades responsáveis por projetos sociais, culturais, esportivos, educacionais e de geração de trabalho e renda, beneficiando um público superior a 20 mil pessoas.

Na biografia de Beto Studart ainda, serviços prestados como presidente e/ou vice-presidente em entidades como: Associação das Empresas Nacionais de Defensivos Agrícolas (AENDA); Federação das Indústrias do Estado do Ceará (FIEC); Associação Brasileira das Indústrias de Química Fina, Biotecnologias e suas especialidades (ABIFINA); Sindicato da Indústria Química (Sindiquímica); diretor do Centro Industrial do Ceará (CIC); conselheiro do Sindicato Nacional da Indústria de Produtos para a Defesa Agrícola (SINDAG); e presidente da Federação das Indústrias do Estado do Ceará (FIEC).

Agradecimentos

Mantendo meu pensamento em Deus e meus planos de futuro em minha capacidade, tornar-me-ei quem eu sempre quis ser — EU.

Sou grata a meus pais, Blaia e Maura, pelo amor, dedicação e pelas condições e valores morais que me proporcionaram para eu ser quem sou.

Sou grata aos meus irmãos, Sandra, João Blaia Filho e Rose, porque pude aprender a convivência com eles.

Sou grata a meu mestre, Dr. Sebastião de Melo, que me deu o que de maior alguém pode dar a outrem — visão.

Sou grata a meu marido, Osmar, pela força, garra, empurrões e apoio que sempre recebi.

Sou grata a Leandro, Carolina, João Blaia Neto, Beatriz, Larissa e Nathália que, com a convivência, discussões e muito amor, aprendi a ser um ser humano melhor.

Mas, sou grata principalmente a meu filho, Matheus, com quem aprendi um pouco de cada uma das competências deste livro, mas a principal delas foi a de respeitar o espaço, o tempo e os segredos do outro.

Vou acrescentar mais um agradecimento, à minha norinha, Letícia, que de forma carinhosa e gentil entrou em minha vida para ficar.

Amo todos vocês.

Obrigada!

"As coisas não são como as vemos,
mas como as recordamos."

Ramon Del Valle-Inclán

Apresentação

Muito se tem escrito sobre competências. A maioria relacionada ao papel profissional. Talvez tenham escrito sobre as "outras" competências, mas, desculpem-me, eu não li.

Falar sobre competências para mim não é tão complicado, afinal, trabalho com isso há mais de quarenta anos.

Um bocado de tempo, não é?

Convivo com os problemas, as tristezas, as dificuldades e, também, com as certezas, alegrias, vitórias, decisões de pessoas que me procuram tanto na área clínica quanto na organizacional.

Tenho muita história para contar, talvez mais alguns livros, quem sabe?

Mas, de uma coisa eu tenho certeza, sei muito pouco sobre o ser humano, pois ele me surpreende a cada dia, sempre. Às vezes acredito que suas respostas serão emocionais e me deparo com sua racionalidade, outras vezes, é o inverso. Portanto, com o ser humano não se pode assegurar muita coisa quanto ao seu comportamento.

É claro que algumas ações são previsíveis, suas características nos dizem qual a tendência de seu comportamento. Mas, ainda assim surgem momentos em que ele mesmo se assusta com suas reações.

E é esta a razão deste livro, falar um pouco sobre essa multiplicidade, sobre essa fantástica máquina humana e seu comportamento imprevisível. E nada melhor do que falar sobre Competências — DA VIDA.

Todos nós temos várias competências, umas mais desenvolvidas que outras, e, quando não as usamos, não se desenvolvem de maneira adequada ou atrofiam.

Percebi, durante esses anos, que o ser humano, de modo geral, tem dificuldade em desenvolver alguns comportamentos (papéis) que seriam essenciais para sua realização pessoal e profissional.

Muitos com quem me deparei, seja como cliente, seja como paciente (alguns psicoterapeutas chamam de clientes aqueles a quem eu chamo de pacientes), tinham limitações em papéis-chave para serem felizes e tranquilos.

Óbvio que muito do que fazemos ou somos depende de nosso papel complementar, ou seja, do outro. Mãe e filho ou filha, marido e mulher, amigo e amiga, superior e subordinado, e assim sucessivamente.

E eu nunca vi uma relação a dois *perfeita*, isto é, que não houvesse algum senão na relação, pois nós esperamos do outro aquilo que procuramos fazer para ele. A expectativa é nossa, nós somos os responsáveis por esperar o máximo da relação e acreditar que o outro tem de perceber só com o olhar.

Terá de ser um olhar de raio X para enxergar nosso Eu mais profundo!

E sabemos que isso não acontece, o outro muitas vezes reage a um movimento ou ação nossa, assim como fazemos em relação a ele. Nós também não conseguimos satisfazer seus desejos ou expectativas na proporção que ele espera.

Não sabemos, muitas vezes, fazer a leitura correta! Não nos ensinaram como fazer quando o outro não quer ouvir, ou não quer sair, ou grita, pois está irritado, ou nos ignora quando está absorto com algo que para nós é irrelevante...

Passaríamos mais algumas páginas falando sobre os diversos motivos que temos, mas, na realidade, não aprendemos a desenvolver as competências necessárias para viver a VIDA com menos dificuldades.

Costumo dizer para minha equipe de trabalho que hoje ela tem, nos mais velhos, nos livros, na *Internet* e em tantos outros caminhos, as respostas que durante muito tempo buscamos e não tínhamos disponíveis.

É claro que este livro não tem a pretensão de ser um manual de competências da vida, mas gostaria que servisse de reflexão para os momentos em que não encontramos respostas ou, para mim é o mais importante, que nos leve a repensar nossas atitudes e provoque mudanças saudáveis em cada um de nós.

São várias as competências da vida que nos levam a atitudes mais cordatas e amigáveis, que nos conduzem a um equilíbrio emocional e nos proporciona mais prazer e tranquilidade. Seguem algumas para leitura. Talvez você me escreva acrescentando mais algumas ou fazendo considerações sobre as que escrevo agora.

Então, que este seja mais um caminho para mudanças interiores, e espero que depois de lê-lo, você se perceba um pouco melhor do que quando começou!

Quem sabe?

Amor

*"Há três coisas que jamais voltam: a flecha lançada,
a palavra dita e a oportunidade perdida."*

Provérbio Chinês

Amor

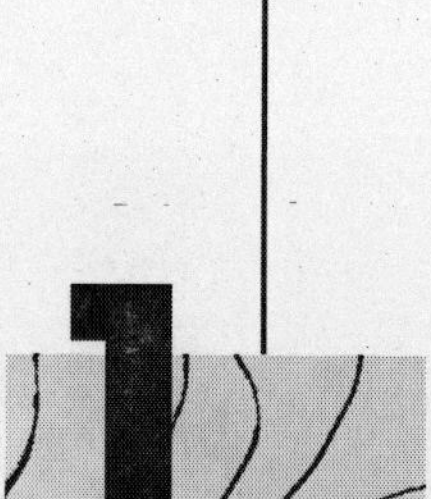

"Eu aprendi... que ignorar os fatos não os altera;

Eu aprendi... que quando você planeja se nivelar com alguém, apenas está permitindo que essa pessoa continue a magoar você;

Eu aprendi... que o AMOR, e não o TEMPO, é que cura todas as feridas;

Eu aprendi... que ninguém é perfeito até que você se apaixone por essa pessoa;

Eu aprendi... que a vida é dura, mas eu sou mais ainda;

Eu aprendi... que as oportunidades nunca são perdidas; alguém vai aproveitar as que você perdeu.

Eu aprendi... que quando o ancoradouro torna-se amargo, a felicidade vai aportar em outro lugar;

Eu aprendi... que não posso escolher como me sinto, mas posso escolher o que fazer a respeito;

Eu aprendi... que todos querem viver no topo da montanha, mas toda felicidade e crescimento ocorre quando você a está escalando;

Eu aprendi... que quanto menos tempo tenho, mais coisas consigo fazer."

Desconheço o autor

O amor é cantado em verso e prosa e alguns poetas o descrevem como lindo, puro, angelical, eterno, outros o colocam como um fogo que arrebata as pessoas e as jogam no abismo da dor e do sofrimento, da partida ou da não vinda.

Gosto de imaginar o amor como uma troca, um bem querer que aperta o peito, quase uma dor física, mas que deixa um sabor gostoso de quero mais. Uma ansiedade de ver, rever, conviver com o outro, ou outros, e de se sentir querido. Notar um olhar penetrante, um sorriso de carinho, um agradecimento com a cabeça e um aceno com a mão. É importante se perceber *importante* para o outro, que pode ser seu companheiro ou companheira, seu pai ou sua mãe, seus amigos, seus vizinhos, seus subordinados ou superiores, não importa!

Quando amamos e somos correspondidos, sentimo-nos vivendo um novo tempo, onde tudo é diferente, mais colorido e bonito. E quando falo de amor, não me atenho ao amor homem/mulher somente. Penso em todas as formas de amor. Imaginem um amigo ou uma amiga (pode ser um parente, também) a quem você quer muito bem, que lhe apoia, que lhe acompanha, que está ao seu lado quando você mais precisa e que lhe mostra o que precisa mudar... você não ama essa pessoa? É claro que sim! Por acaso quando lhe acontece algo de bom e seu desejo é compartilhar o que lhe aconteceu, em quem você pensa em primeiro lugar? Nessa pessoa que lhe é importante, não é?

Isto é amor.

Mas não é só o outro que devemos amar. Devemos nos amar primeiro, pois quando nos amamos, quando gostamos do que vemos em nós, temos resultados melhores na vida pessoal e profissional. Ao nos amarmos, aprendemos que somos capazes, e se não sabemos, nos sentimos estimulados a aprender.

Quando nos amamos, os outros nos veem diferentes, nos tornamos mais bonitos e mais atraentes, chamamos a atenção das pessoas que percebem um brilho em nosso olhar, um sorriso mais aberto e uma segurança maior.

Encontrei-me nestes anos com pessoas que reclamavam das relações pesadas, conturbadas, do pouco amor doado pelo outro ou do descaso do parceiro ou parceira diante de suas necessidades. E a cada fato comentado, mais eu via o quanto essas pessoas não se gostavam, portanto não se respeitavam. Elas realmente acreditavam que sua felicidade dependia do outro, do amor que ele ou ela sentiria, e se esqueceram de se amar.

Em treinamentos onde faço vivências com o reconhecimento do corpo, e as pessoas começam a se perceber e se tocar, conhecendo a si mesmo, experimentando a sensação de sentir seu rosto, seus braços e seus abraços, há uma resistência muito grande em se conhecer por meio do toque, como se isso só devesse ser feito no outro — abraçar o outro, fazer um carinho no outro. Afinal, o outro merece nosso afago, nós, não.

Quando descobrimos que somos pessoas “amáveis”, descobrimos a primeira chave para abrir as portas da vida feliz. Portanto, ame-se muito, goste de você, goste de seu corpo, seu rosto, seus cabelos, seus braços, suas pernas, seus pés... Ame-se.

E, se algo não lhe agrada em você, troque suas lentes da vida e se veja com os olhos do Amor.

Dicas:

1. Faça reuniões com pequenos grupos em sua empresa, ou na família, e comecem a conversar sobre fatos marcantes na vida de cada um e como perceberam o Amor existente em cada momento. Pergunte qual é o significado de Amor para cada um e o que representa para eles no dia a dia essa Competência da Vida, se faz alguma diferença ou não. Identifique os pontos que considere como representativos do Amor e escreva frases para eles discutirem sobre cada uma delas.
2. Tire uma cópia da Competência de Vida — Amor — deste livro e faça um bate-papo sobre o tema e a relevância dele na vida de cada um.
3. Crie o seu jeito de discutir esse tema tão importante em nossas vidas! Você perceberá a diferença na vida de outras pessoas.

Respeito

"Os homens não têm muito respeito pelos outros porque têm pouco até por si próprios."

Leon Trotsky

2 Respeito

Respeito vem do latim ***respectus***, de ***reespicere***, que significa olhar. É um sentimento de consideração àquelas pessoas ou coisas dignas de nossa veneração e gratidão, como aos pais, aos mais velhos, às coisas sagradas, aos sentimentos alheios etc.

Falar sobre respeito envolve muitos aspectos que vêm de nosso núcleo familiar. Aprendemos com nossos pais os valores que carregamos por toda a vida. É claro que aprendemos outros com o passar dos anos e, também, reformulamos alguns já aprendidos.

Mas, respeito é algo imprescindível na vida pessoal e profissional.

O que se nota, hoje em dia, é a falta de respeito entre pessoas que há alguns anos não pensávamos que pudesse ocorrer: alunos e professores, policiais e comunidades... no caso de políticos e eleitores, funcionários e líderes etc.

Entretanto, surpreende notar que a falta de respeito, muitas vezes, começa ainda dentro de casa, seja entre marido e mulher, entre pais e filhos ou seja mesmo entre irmãos.

Em nossos relacionamentos, muitas vezes não sabemos respeitar o espaço do outro, o tempo do outro e as prioridades dele. Não sabemos, por diversas vezes, nos respeitar para que sejamos valorizados.

> Houve um caso de uma paciente, casada em segundas núpcias, três filhos, sendo um do primeiro casamento, que me procurou para ajudá-la a resolver uma questão muito séria a respeito de seu relacionamento matrimonial. Seu marido a havia traído com sua secretária dentro da própria casa!
>
> Não sabia o que fazer e já convivia com essa situação há algum tempo, mas estava deprimida e não conseguia reatar o relacionamento como era antes, apesar da insistência do marido em perdoá-lo. Após juras de que seria fiel e que tudo ficaria bem, ela aceitou, mas sentia-se mal com esse acordo. Os filhos não sabiam e ela preferia esconder para não os magoar.
>
> Incomodava-se com sua aceitação, mas, ao mesmo tempo, acreditava que estava fazendo o correto. Ela o pegou em flagrante com a outra pessoa e teve uma reação de reclusão e de total falta de respeito por si mesma, cedendo sem contestar!
>
> Enquanto falava sobre suas tristezas e infelicidades na vida conjugal, aceitava de forma subserviente sua condição de "mulher" para não desagradar o marido e não provocar um clima de tensão e conflitos dentro de casa. Ela vem de uma família tradicional, católica e com valores muito rígidos, onde deveria aceitar essa situação (mesmo sofrendo), mas não abandonaria um casamento de tantos anos, afinal, como a sociedade e a família reagiriam?

Foram muitas sessões trabalhando vários aspectos da vida dela, mas o ponto que me chamava a atenção era a total falta de respeito por si mesma que sobrepujava! Infelizmente, eu encontrei várias outras pacientes que agiam de forma semelhante em várias situações de sua vida. Faltavam Amor e Respeito por elas mesmas!

A frase que conhecemos, "respeite os outros para que sejas respeitado", é uma máxima importante, mas respeito não é uma compensação, troca ou barganha. Não podemos respeitar o outro somente depois de sermos respeitados por ele! Respeito não se troca...

Respeitar é fazer reconhecer o seu próprio espaço por todos a partir de atitudes que revelem seu grau de amadurecimento interior. Respeitar é saber aceitar o espaço alheio, observando e compreendendo as diferenças. Não precisamos respeitar o outro somente por uma obrigação ou porque fomos educados assim. Precisamos respeitar o outro por ser um valor que definimos como importante em nossas vidas. Por meio de nossa evolução e amadurecimento, construímos uma base mais sólida para o respeito, pois temos consciência do que pode representar em nossa vida. O respeito é um dever de cada um consigo mesmo, o que garante que está evoluindo espiritualmente, e que se torna um ser humano melhor e mais íntegro; e acredito que quando nos respeitamos, aprendemos a respeitar mais os outros, e teremos, então, relacionamentos melhores e mais duradouros.

Uma convivência saudável em nossos relacionamentos se constrói sobre os alicerces do respeito por aqueles que, de uma maneira ou outra, são importantes para nós, sejam eles pais, amigos, professores, sejam eles superiores, pares no trabalho, entre outros.

E, ao falar em respeito, me vem à mente a palavra preconceito. Elas estão interligadas, pois, quem não tem preconceito, é porque respeita, e vice-versa. Ser preconceituoso é definir um padrão de vida egoísta e solitário. O preconceito limita nossa vida e nos restringe a alma. Sem a alma livre, não amamos e não nos respeitamos nem respeitamos os outros.

Fugir de situações em que fazemos diferenças entre as pessoas, ou porque tem mais ou porque tem menos, ou porque pode mais ou porque pode menos, ou porque é branco ou porque é negro, ou porque é mais culto ou porque é menos culto, ou porque é simples... acanhado... sem energia... agressivo... truculento... passivo... permissivo... feio... tem mau gosto... fala alto... é gordo... tem mau hálito... é farrista... fala errado... é criar um campo neutro em nossos relacionamentos e transformar nossa vida em algo melhor, mais produtivo. Teremos tempo de nos preocupar com coisas mais importantes.

Definir nossas relações ou contatos por essas razões nos dá mostras de que, se não respeitarmos o outro, não seremos respeitados por ninguém!

Acredito ser importante ver o outro com outros olhos, talvez com os olhos do amor e, se isso for pedir muito, procurar vê-lo com os olhos abertos ao novo, ao diferente, procurar conhecê-lo melhor antes de julgar, escutar o que o outro tem a nos dizer; talvez dessa forma possamos enxergá-lo como ele realmente é. Devemos aprender a respeitá-lo como queremos ser respeitados, pois o valor está sempre dentro de nós, o de fora, é só um invólucro.

Procure conhecer melhor as pessoas antes de julgá-las, aprenda a respeitá-las como quer ser respeitado. Não se esqueça: o de fora é só um invólucro.

Veja o outro com os olhos dele, para que ele o veja com os seus...

Dica:

Acredito que você possa usar as dicas do Amor para trabalhar o Respeito.

Relacionamento

"Seja qual for o relacionamento que você atraiu para dentro de sua vida, numa determinada época, ele foi aquilo de que você precisava naquele momento."

Deepak Chopra

Relacionamento

3

Lidar com pessoas é menos complicado do que lidar consigo mesmo.

Não existe competência mais trabalhada do que relacionamento interpessoal.

Iniciemos com uma pequena fábula:

Conta-se que, há muitos e muitos anos, durante uma era glacial, quando parte da Terra esteve coberta por densas camadas de gelo, muitos animais não resistiram ao frio e morreram.

No entanto, um grande grupo de porcos-espinhos buscou uma maneira diferente para enfrentar o frio e sobreviver.

Os animais concordaram em unir-se, ajuntar-se mais e mais na tentativa de se protegerem mutuamente. Assim, cada um podia sentir o calor do corpo do outro e, todos juntos, bem unidos, agasalhavam-se e aqueciam-se, enfrentando por mais tempo aquele inverno rigoroso.

Porém, a tentativa não durou por muito tempo. Os espinhos de cada um começaram a ferir os companheiros mais próximos, justamente aqueles que forneciam mais calor, aquele calor vital, que era, naquele momento, questão de vida ou morte.

E, por esse motivo, afastaram-se feridos, magoados, sofridos. Distanciaram-se uns dos outros por não suportarem por mais tempo os espinhos de seus semelhantes, porque, afinal, doía muito...

Mas essa não foi a melhor solução...

Longe uns dos outros, separados entre si, logo começaram a morrer congelados.

Todavia, os mais espertos decidiram se reaproximar pouco a pouco, com jeito, com muito cuidado, de tal forma que, unidos, cada qual conservasse certa distância do outro, mínima, mas o suficiente para conviver sem machucar, sem se causarem ferimentos recíprocos.

E foi assim que, suportando-se uns aos outros, resistiram à longa era glacial e sobreviveram...

O ser humano é um ser gregário, um ser em relação a, ou seja, ele foi criado para viver em sociedade. E é nesse contexto que nos deparamos com as maiores dificuldades pessoais.

Precisamos viver com = com + viver.

Ao conviver, desejamos que seja o melhor, o mais harmônico, o mais transparente, o mais espontâneo dos convívios. Mas, não é assim que as coisas acontecem. Infelizmente!

Esquecemos de perguntar ao outro o que ele espera de nós, e deixamos de observar se o convívio é agradável e interessante para ele. Sim, interessante! Tudo precisa ser interessante para chamar a atenção, principalmente nos nossos relacionamentos.

Nem sempre é fácil se relacionar, afinal estamos falando de duas ou mais pessoas com valores diferentes, histórias de vida diferentes, percepções diferentes que se cruzam em algum momento da vida e decidem se relacionar.

Em um primeiro momento, surge o encantamento, as similaridades e as complementaridades. Tudo é fascinante. Descobrimos a *mais nova amiga de infância.*

O tempo passa e descobrimos que não é bem assim. Criamos uma expectativa alta em torno das pessoas e acreditamos que são perfeitas, ou perdoamos nelas alguns deslizes, pois sabemos que não houve a real intenção em nos fazer mal e, portanto, nunca vão nos magoar.

Ledo engano!

Projetamos no outro o que esperamos dele, porém, não deixamos claro — para ele! Quando, por alguma razão ele não faz como gostaríamos, começa o processo de afastamento. E sofrimento.

Isso ocorre de um lado e de outro. Pode ser com pessoas que conhecemos recentemente, ou pode ser com alguém com quem convivemos há anos. Pode ser até alguém da família.

Deparo-me com problemas de relacionamento dentro da família com mais frequência do que gostaria. E, infelizmente, os sentimentos ficam duplicados quando são de um mesmo grupo familiar. Irmãos que não se relacionam com outros irmãos, com os próprios pais, com os cunhados, genros etc.

Às vezes conviveram durante muito tempo com dificuldades entre eles e, talvez, com pouca habilidade dos pais para contornar o problema, ou mesmo evitá-lo.

Relacionar-se significa, muitas vezes, abrir mão de coisas que não são importantes. Significa recuar nos momentos em que estrategicamente temos mais resultados. Significa ceder quando necessário. Algumas pessoas alegam que, ao cederem, elas estão abrindo a guarda e demonstrando, com isso, fraqueza.

Acho que é o contrário. Significa ter mais maturidade e bom senso para evitar conflitos e discussões que pouco acrescentarão.

Seja na vida pessoal, seja na profissional, nada é mais valioso que a união das pessoas. Em família ou com a equipe de trabalho não é diferente. É preciso que todos caminhem juntos para obterem os resultados desejados.

Mas, para isso, é preciso que algumas ações sejam iniciadas para que possamos conviver harmonicamente, como, por exemplo:

Conheça-se mais: quando nos conhecemos mais profundamente, mais facilmente nos relacionamos. O autoconhecimento é fundamental para desenvolver o amor por si mesmo e fortalecer a autoestima. Quando uma pessoa está bem com ela mesma, você percebe isso não pela roupa que está usando, ou pelo carro que está dirigindo, mas pelo sorriso em seu rosto, o brilho em seu olhar, a paz em seu espírito. Para aumentar o autoconhecimento, é preciso ter consciência de quem se é de verdade, avaliando os pontos positivos tanto quanto os pontos a aprimorar. O autoconhecimento nos leva a uma consciência do nosso interior, fazendo-nos compreender por que reagimos a uma determinada situação, por que respondemos daquela maneira àquela pessoa, e torna-nos capazes de fazer uma escolha mais consciente, a ter um repensar de nossas atitudes, revendo valores e posturas. Levantando suas expectativas, você saberá o que espera de si e dos outros e, portanto, poderá dizer a eles. Saiba aonde quer chegar, defina suas metas e pense profundamente sobre o que você provoca nas pessoas, se amor, indiferença, raiva ou outro sentimento.

Escolha incentivar a criticar: as críticas devem existir e são importantes, pois servem de apoio na melhora do comportamento e na conquista de resultados, porém o risco que se corre é o de julgar e condenar simplesmente pelo fato de o outro não ter a mesma opinião, IDEIA ou convicção que a sua. As pessoas de um mesmo grupo familiar, social ou profissional devem estar juntas, buscando a harmonia umas com as outras, ajudando-as mutuamente com palavras encorajadoras, pondo-as para cima, apontando suas virtudes e não suas falhas. Lembre-se sempre de que é mais fácil ficar de lado e atirar pedras naqueles que estão trabalhando e servindo do que se envolver e contribuir.

Recuse ouvir comentários irrelevantes: alguns relacionamentos sobrevivem de comentários/fofocas. Existem pessoas que necessitam saber o que acontece com o fulano ou com o beltrano e não sabem nem o que fazer com a notícia, e se vinculam com as pessoas que estão quase sempre bem informadas e atentas aos comentários. A relação é por interesse de ambas as partes. Uma porque leva a fofoca, e outra que ouve e espalha. E, com certeza, a espalhará! Fofocar é transmitir informações quando você nem é parte do problema nem da solução. Quando alguém lhe trouxer alguma informação que não acrescentará nada, impeça-o de continuar. Diga-lhe que você não precisa disso. É bom lembrar que quem fofoca de alguém para você, também poderá fazer o mesmo de você. Uma fogueira se apaga quando acaba a lenha; da mesma maneira, as fofocas acabam quando o fofoqueiro não encontra ninguém que lhe dê ouvido.

Evite a geração de conflitos negativos: administrar os conflitos é uma competência vital em nossas vidas, mas evitá-los talvez seja mais importante ainda. O conflito é saudável quando nos leva a repensar nossas posições e ações, porém, quando colocado como negativo, as consequências serão desastrosas. A geração de conflitos por razões pouco significativas nos torna fracos e inconvenientes. Onde há pessoas com diferentes ideias, existe a possibilidade de haver conflitos. Nesse caso, é sempre melhor se buscar a solução o mais rápido possível. O primeiro passo é conversar direta e particularmente com as pessoas envolvidas. Se não for possível solucionar dessa forma, o segundo passo é ter alguém que sirva de apoio para auxiliar na confirmação do problema e na reconciliação da relação entre elas. Mas tenha em mente que se você se afastar um pouco do conflito, terá uma visão mais ampla da extensão dele e encontrará respostas/soluções mais apropriadas para resolvê-lo.

Saber se relacionar de forma saudável é amar-se, respeitar-se e tomar a iniciativa de buscar o melhor para ambos.

Com o passar do tempo, nos tornamos mais sábios e descobrimos que ser feliz é muito melhor do que ser dono da verdade.

Dica:

Reúna algumas pessoas de uma mesma área na empresa, ou mesma família, e traga algumas considerações sobre Relacionamento. Fale sobre as coisas positivas e as não positivas existentes em um relacionamento. Peça para que cada um escreva sobre os próprios relacionamentos na empresa, ou família, e quais são os resultados deles, se são bons ou não, e escrevam o porquê. Cada um deverá apresentar sua resposta, desde que se sinta confortável em fazê-lo. Discutam de forma a criarem relacionamentos mais saudáveis na empresa ou em casa. E quais pontos eles devem reforçar mais para se relacionarem melhor e quais eles devem evitar.

Iniciativa

"A diferença entre as pessoas que têm iniciativa e as que não têm é a diferença entre o dia e a noite."

Stephen R. Covey

4

Iniciativa

Não espere que o outro diga o que você deve fazer. Surpreenda a si mesmo!

Em todos os programas realizados focando o desenvolvimento profissional, uma das competências mais requisitadas é a iniciativa. Nas organizações, espera-se das pessoas proatividade, capacidade de ir em busca das respostas e de soluções sem depender de cobranças ou estímulos externos.

Mas, e na vida? Precisamos desses estímulos externos?

Às vezes...

Em quantas situações nos deparamos com alguém nos pedindo para fazer algo por nós, como estudar, ler um livro, fazer um curso, procurar um emprego, ter mais paciência com as coisas, saber esperar o momento mais adequado, arrumar a torneira que está sempre pingando, trocar a lâmpada queimada há um mês etc.

Ficamos aguardando que o outro nos chame a atenção para reclamarmos dele (ou dela, pois geralmente é a mãe ou esposa) alegando que já sabe, que não é bem assim, que as coisas não são tão fáceis, que já vai, que não tem tempo agora, que o outro "pega no seu pé", e isso é péssimo para ambos.

E a pergunta que faço é: qual é a razão de essa pessoa estar lhe dizendo o que fazer? Qual o interesse dele, ou dela, em lhe cobrar ações que deveriam partir de você? Por que "implicar" tanto assim? Afinal, quando alguém nos atormenta dessa forma, com tantas cobranças, ou é uma pessoa irritante gratuitamente, ou alguma razão deve ter!

Será que paramos para analisar ou só nos defendemos encontrando desculpas esfarrapadas para a nossa pouca iniciativa?

Não me refiro aqui aos casos de doenças mentais em que precisamos de um tratamento medicamentoso e terapêutico, pois nos impedem de sair da condição em que nos encontramos, sozinhos. Precisamos de ajuda nessa hora. Refiro-me aos casos em que a pessoa tem total condição de fazer e de se realizar, só não o faz talvez por estar acostumada a alguém fazer por ela, quem sabe.

Vamos aos exemplos. Um adolescente normalmente deixa seu quarto em condições precárias para uso diário. Os pais geralmente falam, pedem, imploram, impõem, obrigam, tentam de tudo, mas pouco conseguem, porque o adolescente sempre tem uma desculpa. O que geralmente acontece é de outra pessoa arrumar a bagunça que ele deixou. Isso o deixa em uma posição confortável, pois não terá de fazer mais, é só usar dessa tática sempre. Porém, quando mais tarde ele for cobrado por "arrumar" sua bagunça, será que terá respostas mais rápidas, ou dependerá de alguém para ajudá-lo a fazer?

Orientar o adolescente com regras claras e limites bem definidos o auxilia em seu desenvolvimento psicológico e emocional, facilitando para que, quando adulto, saiba discernir com mais maturidade nessa competência. Saberá que as ações e os resultados dependem mais dele do que de terceiros.

Outro exemplo está dentro das organizações, onde vemos um, ou uma, profissional que é demandado quase que diariamente com relação a coisas que deveria fazer sem cobranças, mas não o faz. Só é impulsionado quando cobrado, do contrário, fica à espera de que o problema ocorra para, então, resolver. Pessoas com essa característica são reativas e não proativas, não pensam preventivamente, só corretivamente, isto é, corrigem o problema ou defeito e não se preocupam em evitá-lo. Esse comportamento dentro das organizações gera um desbalanceamento entre os colaboradores, pois alguns ficam sobrecarregados e outros não. Isso leva à frustração de quem faz por si e pelo outro e à acomodação por parte de quem não faz. Essas pessoas têm pouco tempo de vida dentro das organizações. Podem se manter na empresa por questão de confiança, mas não por competência.

Para quem deseja um emprego melhor ou uma promoção, é vital que mostre mais iniciativa, busque por cursos de aperfeiçoamento e especialização, discuta com amigos sobre novas possibilidades de se resolver um problema ou situação, participe de grupos de estudos, leia mais e estude a respeito de seu ramo de negócios, conheça um pouco mais sobre os problemas específicos das empresas de seu interesse, e aí, então, poderá provar que seus *skills* podem ajudar a resolver as questões da organização.

Stephen R. Covey, em seu livro *Os Sete Hábitos das Pessoas Altamente Eficazes*, diz que nossa natureza básica nos torna ativos, e não passivos, e isso significa que temos o poder não apenas de escolher respostas em circunstâncias determinadas, mas também de criar circunstâncias.

Tomar a iniciativa não significa ser agressivo, insistente ou chato. Significa reconhecer a responsabilidade de fazer com que as coisas aconteçam. Mas, para muitas pessoas falta a iniciativa para dar os passos necessários, para fazer a coisa acontecer. São pessoas que ficam à espera de que algo aconteça, ou que alguém tome conta delas.

Talvez não percebam que quem consegue os melhores empregos são os profissionais proativos, aqueles que representam a solução, e não mais problemas; são os que aproveitam a iniciativa para fazer tudo o que é preciso, em harmonia com seus princípios, para que as tarefas sejam cumpridas.

Portanto, busque dentro de você as razões que o levam a levantar todas as manhãs. Encontre os motivos que o levam a querer encontrar alguém especial, a estar com essa pessoa. Pense em como você quer estar em um futuro próximo e, depois, mais distante. Imagine-se fazendo suas coisas sempre sob a pressão ou cobrança de alguém. Imagine-se dependendo sempre do outro...

Acredito ser ruim viver assim. Portanto, defina quem você quer ser, o que quer fazer e do que precisa para conquistar tudo isso e vá em busca de suas realizações. Faça por você, arregace as mangas, levante-se da cadeira e inicie sua nova vida.

Ao depender dos outros, limitamos nosso crescimento e desenvolvimento ao de terceiros. Vivemos segundo o ritmo e a vontade do outro. Deixamos de ter vontade própria. No momento em que nos descobrimos fazendo sem a exigência de outros, nos percebemos melhores e nos tornamos mais felizes.

Então, se você esperar que os outros façam o que você poderia ou deveria fazer, você será um ser passivo, contrariará a sua natureza básica e provavelmente não conseguirá o que deseja.

O crescimento e as oportunidades estão reservados para os seres ativos, para quem toma a iniciativa, para aquele que vai lá e faz acontecer!

Portanto, faça!

Dicas:

Novamente, reúna a equipe que quer trabalhar, ou as pessoas da família, e explique os motivos que levaram você a querer essa reunião. Afirme que a Iniciativa é um diferencial tanto na vida profissional quanto pessoal e que as pessoas que a têm se destacam e são mais procuradas (pelo fato de fazerem). Peça para que falem como eles percebem a Iniciativa nas pessoas e sua equipe, com exemplos. Peça, então, para que falem sobre o que leva uma pessoa a não ter iniciativa e quais as consequências disso. Separe o que falarem em duas colunas: Pessoal e Profissional (Familiar); quando as dificuldades são internas, estão na pessoa, e quando as dificuldades são externas, estão em terceiros, seja na empresa, seja na família. Você terá muito assunto para discutir e trabalhar.

Paciência

"A paciência é mais heroica das virtudes, justamente por não ter nenhuma aparência de heroísmo."

Giacomo Leopardi

5 Paciência

Ter paciência é saber se esperar. Ser paciente é saber aceitar o outro.

Creio que uma das competências que tive de aprender com mais afinco foi a paciência.

Pertenço àquele grupo em que as coisas têm de acontecer na hora, em que não esperamos pelo outro e fazemos por ele, em que perguntamos e respondemos ao mesmo tempo, em que, muitas vezes, nos impacientamos conosco mesmos.

Quanto tempo mal aproveitado!

Quando percebemos que podemos fazer as coisas com mais calma, que podemos pedir algo para alguém e esperar que ele faça em vez de fazer o mesmo pedido para outras três pessoas, notamos que temos mais tempo para fazer outras coisas enquanto isso. E, quando menos esperamos, tudo estará pronto!

Mas, não temos paciência para isso, não é?

Talvez o outro não tenha o nosso ritmo ou talvez não conheça o que conhecemos, ou, então, não viveu as experiências que vivemos, mas, mesmo assim, cobramos dele velocidade, respostas rápidas e agilidade.

Então notamos que estamos mais ranzinzas, mais exigentes, mais perfeccionistas, mais seletivos e menos pacientes.

Só vamos parar quando algo acontecer conosco de maneira a nos incomodar de verdade!

Gastrite, enxaqueca, vertigem, fibromialgia, pânico, depressão, queda de cabelo, unhas fracas; pode acontecer de tudo conosco, pois nos falta paciência. Nada dá certo!

Quanta impaciência!

É a paciência que nos ajuda a ter ponderação em nossos arroubos de julgamento. É ela que, tantas vezes, nos orienta para não nos apressarmos em acusar e condenar.

Segundo o dicionário, Paciência é uma virtude que consiste em suportar os males e incômodos sem reclamar, sem se revoltar ou irritar; *RESIGNAÇÃO: uma paciência de santo.* Virtude de saber esperar com calma: *as horas passavam, e ele não perdia a paciência.* Qualidade ou comportamento de quem não desiste nem desanima; PERSEVERANÇA: *esses cálculos exigem paciência.*

> *Paciência é uma virtude de manter um controle emocional, sem perder a calma ao longo do tempo. Consiste basicamente em tolerância a erros ou fatos indesejados. É a capacidade de suportar incômodos e dificuldades de toda ordem, de qualquer hora ou em qualquer lugar. É a capacidade de persistir em uma atividade difícil, tendo ação tranquila e acreditando que conseguirá o que quer, de ser perseverante, de esperar o momento certo para certas atitudes, de aguardar em paz a compreensão que ainda não se tenha obtido, a capacidade de ouvir alguém*

com calma, com atenção, sem ter pressa, capacidade de se libertar da ansiedade.

Diz-se, também, que a tolerância e a paciência são fontes de apoio seguro nos quais se pode confiar. Ser paciente é ser educado, ser humanizado e saber agir com calma e com tolerância.

Sabe-se que a paciência está inclusa nas Sete Virtudes (são derivadas do poema épico *Psychomachia*, escrito por Prudêncio), que protegem a pessoa contra as tentações dos Sete Pecados Capitais.

Diz-se que dentre as Sete Virtudes, a mais difícil de desenvolver é a paciência, mas uma vez desenvolvida, esta traz inúmeros benefícios. É possível exercitar a paciência em diversas áreas, como, por exemplo, em casa com a família, no trânsito, na fila do banco, no trabalho, nos estudos etc.

As sete virtudes ordenadas em ordem crescente de santicidade são:

Castidade, do latim: *castitas* — opõe-se à luxúria.

Generosidade, do latim: *liberalitas* — opõe-se à avareza.

Temperança, do latim: *temperantia* — opõe-se à gula.

Diligência, do latim: *diligentia* — opõe-se à preguiça.

Paciência, do latim: *patientia* — opõe-se à ira.

Caridade, do latim: *humanitas* — opõe-se à inveja.

Humildade, do latim: *humilitas* — opõe-se à soberba.

Ser paciente nos faz ver os dois lados de tudo e nos auxilia nas decisões a tomar. Ser paciente não significa ser permissivo ou lento. As pessoas às vezes confundem, e não é isso.

Ser paciente nos abre os olhos para um mundo melhor; torna-nos pessoas mais cordatas e justas, pois ouvimos mais e racionalizamos mais, não agindo impulsivamente.

Agir com paciência nos faz acertar mais em nossos relacionamentos, nos conduz para as ações de forma mais madura e assertiva e nos envolve em um ambiente de tranquilidade e respeito.

Criamos um ambiente harmônico e saudável à nossa volta quando amamos, respeitamos os outros e nos respeitamos, tomando a iniciativa de saber qual é o tempo certo para avançar e para recuar.

Dica:

Você pode fazer esta atividade com uma ou mais pessoas. Vai exigir um pouco de habilidade manual. Encontre um punhado de linhas* emaranhadas e peça para que ela desembarace as linhas, separando-as. Para quem não tem paciência, será uma tortura, mas insista que a pessoa tente pelo menos por quinze minutos. Ela tenderá a se dispersar se não tiver foco. Questione essa experiência com ela, o que mais marcou, o que incomodou etc. Reflita com ela sobre possibilidades de ser mais paciente consigo e com o outro.

(*você pode usar um quebra-cabeça)

Simplicidade

"Que ninguém se engane, só se consegue a simplicidade através de muito trabalho."

Clarice Lispector

Simplicidade

6

Ser simples é saber quem você realmente é.

Simplicidade ou frugalidade é a ausência de artifícios, extravagâncias e excessos de ordem material, social ou psicológica. Simplicidade é o caminho para se chegar à humildade e, com isso, ser uma pessoa mais servil, menos arrogante e prepotente, combatendo e se livrando da inveja, do orgulho e do ciúmes.

Nada é mais bonito no ser humano do que a simplicidade. Vivemos em um mundo caótico, onde tudo é ter, poder, saber, deter, fazer e pouco ser.

Complicar a vida é a maneira mais fácil e rápida de ser infeliz. E simplicidade é ser feliz. Tudo o que é belo é simples, então a simplicidade anda de mãos dadas com a beleza.

Tudo que nos "toca" é simples como um sorriso de uma criança ou a beleza de uma flor. E tudo que nos acalma é simples, não precisa de remédio ou receita de chá, como a música suave de um pássaro.

O simples anda leve. Aprecia mais a paisagem, pois carrega menos peso quando viaja. Ser simples é ser o que é, sem rodeios, sem meio termo.

Nas relações humanas, a simplicidade, como uma forma de leveza, faz a diferença. Quem cultiva a simplicidade tem mais facilidade de tornar leve o ambiente em que vive. Não cria confusão por qualquer coisa, e sua atenção está naquilo que verdadeiramente vale a pena.

Simplicidade é dizer ou escrever de forma simples e natural. É ser despretensioso e modesto. É ser franco e sincero. Ser simples é belo.

Simplicidade é saber ser espontâneo e é demonstrar alegria quando se está alegre, sem ser afetado ou "espalhafatoso". É por meio da simplicidade que se encanta as pessoas e se extrai o melhor delas.

Ser simples é não ostentar riquezas, é não querer ter mais do que outro, é não desdenhar o menos provido.

Saber reconhecer as qualidades e a superioridade do outro é usar da simplicidade como ferramenta de aprendizagem.

Pessoas simples são aquelas que se encantam com coisas menores. Sabem sorrir diante de presentes simbólicos e sem muito valor material. A simplicidade nos capacita para perceber que nem tudo precisa ser de utilidade. E por isso é fácil presentear o simples. Podemos viver em lugares diferentes e sofisticados, porém podemos ser simples, porque a simplicidade não é feita de demonstrações exteriores. Ela é um estado de espírito.

Não precisamos nos vestir de trapos, nem abrir mão de uma vida normal para sermos pessoas simples. A simplicidade está em viver a vida sem exigências descabidas. Quem opta pela simplicidade, descomplica o dia a dia.

A simplicidade sempre vem acompanhada de tranquilidade e ponderação. Dá-nos o rumo para sermos seres humanos mais dignos.

E quando estamos acompanhados dessa competência da vida essencial, conseguimos obter mais sucesso e prestígio sem mesmo o desejar, pois somos sabedores de nosso real tamanho e potencial. Porém, os outros nos enxergam maiores.

Simplicidade demais atrapalha a vida, e não devemos confundir simplicidade com permissividade ou subserviência.

O *ser simples* é reconhecer seu real papel no mundo. É dar valor a quem o tem e ter paciência com quem precisa.

A simplicidade nos torna mais tolerantes com as agruras da vida, porque não carecemos de nada além do que realmente necessitamos.

Podemos fazer a opção de viver com simplicidade. Simplicidade é ter sonhos. Ser simples é ser feliz. Seja simples. Experimente o prazer das coisas que estão ao seu redor! Sinta o frescor de um copo com água, o sabor de uma fruta, a serenidade de uma noite bem dormida, ouça o riso solto das pessoas espontâneas. Veja a beleza de livros e canções.

Podemos obter mais, crescer mais, desenvolver-nos mais, porém não podemos perder o encanto de sermos simples em nossas vidas, para sermos grandes em nossos corações.

Dica:

Em suas reuniões de desenvolvimento com equipes, lembre-se sempre de focar a simplicidade dos atos e dos trabalhos. Renove nas pessoas a importância de ser simples e de não perder a objetividade por isso. Tenha sempre uma frase ou uma foto de coisas simples e estimule os demais a conversar sobre isso.

Humildade

"Ser humilde com os superiores é uma obrigação, com os colegas, uma cortesia, com os inferiores é uma nobreza."

Benjamim Franklin

7

Humildade

Humildade vem do latim *humus* que significa “filhos da terra”, terra fértil, rica em nutrientes e preparada para receber a semente.

Assim, uma pessoa humilde está sempre disposta a aprender e deixar brotar no solo fértil da sua alma a boa semente. A verdadeira humildade é firme, segura e sóbria, sendo considerada a mais nobre de todas as virtudes, pois somente ela predispõe o seu portador à sabedoria real.

Humildade refere-se à qualidade daqueles que não tentam se projetar sobre as outras pessoas nem mostrar ser superior a elas. A Humildade é a virtude que dá o sentimento exato da nossa modéstia, cordialidade, respeito, simplicidade, honestidade e passividade.

Diz-se que a humildade é uma virtude de quem é humilde, e quem se vangloria está muito distante dela. Por humilde também se pode entender a personalidade que assume seus deveres, obrigações, erros e culpas sem resistência. Assim, pode-se dizer que a pessoa ou o indivíduo "assume humildemente".

Nesta época em que vivemos, a palavra humilde teve seu significado distorcido para pobreza de espírito, fraqueza, ignorância, o que não condiz com seu significado.

A história nos conta que, segundo os hebreus, a humildade significa modéstia e reconhecimento e é oriunda da palavra hebraica *hoda'a*, cujo significado quer dizer *muito obrigado* a Deus.

A humildade é o conhecimento exato do que não somos, é a aceitação das próprias limitações e potencialidades sem a necessidade de se sentir vaidoso, portanto, é o contrário da depreciação de si mesmo ou do total desconhecimento de si.

A humildade pode ser a capacidade de assumir que podemos estar errados e a responsabilidade de aprendermos com as experiências da vida com os conhecimentos e as informações disponíveis à nossa volta. Na filosofia judaica, a tolerância é considerada o motor da vida, enquanto a humildade é seu combustível. Vale a pena refletir sobre isso!

Um dos pontos que considero essencial para o estímulo à humildade é o autoconhecimento, pois ele nos leva a repensar sobre nossas posturas e pensamentos, e acaba por ser a base dela.

Quando somos desprovidos de arrogância e soberba, tornamo-nos mais humildes e sabemos receber *feedback* de outras pessoas com o intuito de aprender e desenvolver. Os humildes sabem se colocar no lugar do outro quando em sofrimento e, portanto, sabem o que falar para lhe dar apoio.

Pratique a humildade desenvolvendo atitudes que o levem a ser mais feliz, pois a humildade nos torna seres humanos melhores.

Lembre-se sempre de que não somos melhores que ninguém e não somos donos da verdade, o outro sempre tem algo a nos ensinar. Seja humilde, mas não se humilhe. Existe uma grande diferença entre humildade e humilhação...

Nos programas de desenvolvimento que faço com os profissionais de empresas, procuro desenvolver a capacidade de ouvir o outro, e isso torna as pessoas mais humildes, permitindo que o outro se apresente e o vejam como ele realmente é. Aprendendo a reconhecer suas potencialidades e necessidades, pode-se vê-lo de uma forma mais completa e segura.

Um ponto que considero rico e que todos deveriam perceber é a capacidade que o humilde tem de valorizar e realçar tudo o que conquista em seu dia a dia de forma plena.

Tenho um exemplo de um ser humano humilde que trabalhou comigo por quase dez anos, e durante todo esse tempo eu nunca o vi levantar a voz para alguém, reclamar que estava chateado ou zangado, que doía aqui ou ali, que a comida estava ruim ou que o tempo não o ajudava. Seu nome é José Marcelino, e seu apelido, Itamar. Nem mesmo ele sabe o porquê desse apelido, mas ele era conhecido por todos: colaboradores, vizinhos, amigos, fornecedores, e todos os que se aproximavam dele gostavam imediatamente. Imagine uma pessoa que sorri um sorriso aberto em uma boca com poucos dentes, e que lhe emana uma paz que dificilmente se encontra? Pois ele era exatamente assim! Por mais que se tentasse, não se conseguia discutir com ele. Tudo estava bem e bom! Ele simplesmente gostava de tudo e a tudo agradecia. Um ser humano que se difere dos demais pela pureza, simpatia e humildade. Muito aprendi com ele, mas muito mais ainda tenho de aprender.

Repense sua postura diante da vida, das pessoas e de seus sentimentos e observe se não está faltando uma dose de humildade para que você possa ser mais feliz!

Dicas:

Você pode utilizar as dicas de competências anteriores para trabalhar a humildade!

Criatividade

"Um aspecto essencial da criatividade é não ter medo de fracassar."

Dr. Edwin Land

8 Criatividade

Saber gerar ideias que tornem sua vida e a dos outros sempre melhor.

A sobrevivência dos povos depende da sua capacidade criadora. Se não existissem pessoas como Gran Bell, Fleming, Sabin, Einstein e tantos outros, como seria o mundo?

Foram pessoas com grande inteligência e capacidade criadora e inventiva que tornaram nossa vida mais cômoda, mais prática e com mais saúde.

A criatividade é considerada por alguns como a base do desenvolvimento da humanidade, dos países, das empresas e de nossas vidas.

Existem várias definições diferentes para criatividade:

Para Ghiselin (1952), *"é o processo de mudança, de desenvolvimento, de evolução na organização da vida subjetiva"*.

Para Anderson (1965), *"a criatividade representa a emergência de algo único e original".*

Para Torrance (1965), *"criatividade é o processo de tornar-se sensível a problemas, deficiências, lacunas no conhecimento, desarmonia; identificar a dificuldade, buscar soluções, formulando hipóteses a respeito das deficiências; testar e retestar essas hipóteses; e, finalmente, comunicar os resultados".*

Para Stein (1974),*"criatividade é o processo que resulta em um produto novo, que é aceito como útil e/ou satisfatório por um número significativo de pessoas em algum ponto no tempo".*

Segundo Flieger (1978), *"manipulamos símbolos ou objetos externos para produzir um evento incomum para nós ou para nosso meio".*

Para Suchman (1981), *"o termo pensamento criativo tem duas características fundamentais, a saber: é autônomo e é dirigido para a produção de uma nova forma".*

Para Amabile (1983), *"um produto ou uma resposta serão julgados como criativos na extensão em que a) são novos e apropriados, úteis ou de valor para uma tarefa e b) a tarefa é heurística e não algorística".*

Nem todas as pessoas conseguem criar coisas que mobilizem governos e as pessoas para aplaudi-las diante de suas obras criativas!

Mas vejo nas pessoas, posso até dizer que em uma razoável parcela da população, pouco uso de sua capacidade criativa. É como se esperassem por coisas prontas e não utilizassem seu potencial para desenvolver essa competência tão necessária na vida.

Ao pensarmos em nossos dias no trabalho, em casa, com a família, amigos, nas reuniões, nos acostumamos com as coisas sempre dentro de um mesmo padrão e nos resignamos com isso.

Deixamos de criar pequenas coisas que podem tornar nossas vidas melhores. Posso citar alguns exemplos, como em casa, ao preparar um almoço ou jantar, será que "criamos" um prato diferente ou o decoramos de maneira mais original para chamar mais atenção e aumentar o apetite?

Não precisamos de porcelana inglesa ou talheres de ouro. Precisamos de imaginação!

Quantas vezes ouvi de algumas pessoas reclamações sobre como sua sala está feia, e que não tem dinheiro para pintar as paredes ou comprar móveis novos. Pois não compre, inove! Mude os móveis de lugar, ponha uma manta no sofá, lixe as mesas laterais, faça almofadinhas para as cadeiras, traga vasos com plantas e deixe a natureza entrar em sua casa.

Crie ideias e as implante. Comece a fazer pequenas coisas de maneiras diferentes, permita-se criar, ousar.

Algumas pessoas acreditam que aqueles com melhores condições financeiras têm mais facilidade em ser criativo. Riqueza não é sinônimo de criatividade!

As pessoas com menor poder aquisitivo sabem usar mais essa competência do que se imagina.

Mas a criatividade não está relacionada somente às coisas materiais. O austríaco Jacob Levy Moreno, o pai do Psicodrama, define criatividade como a *capacidade de o ser humano encontrar respostas novas para velhos problemas*.

E acredito que essa competência deveria ser mais usada para evitar conflitos negativos, atritos e discórdias, pois pessoas que usam mais a criatividade se saem melhor de situações imprevistas.

Procure lembrar-se da última vez em que você enfrentou um problema pessoal ou mesmo profissional. Você adotou a primeira ideia que lhe veio à cabeça? Acreditou que era a solução para seu problema? Será que não haveria uma solução melhor? Sempre temos mais de uma opção para nossos problemas, por mais que digamos que já tentamos de tudo.

E como falei anteriormente, esta pode ser uma competência mal desenvolvida ou adormecida.

E por que ser criativo? Porque tudo está mudando à nossa volta, e quando surgem novas informações e as circunstâncias mudam, já não é possível resolver problemas de hoje com as soluções de ontem. Nós estamos descobrindo, cada vez mais, que o que funcionava há um mês não vai funcionar amanhã. Com isso, temos duas alternativas: ou ficamos nos queixando porque as coisas já não são tão fáceis como antigamente, ou usamos nossa capacidade criativa para descobrir novas respostas, novas soluções ou ideias.

É claro que não pensamos em *coisas diferentes* a todo instante. Uma razão é que não precisamos ser criativos para fazer boa parte do que fazemos, afinal, já aprendemos como fazer e não precisamos criar maneiras — como esperar em um congestionamento, comprar em uma loja ou subir em um elevador. Para resolvermos esses problemas corriqueiros, desenvolvemos rotinas que nos orientam em tudo em nosso dia a dia.

O que se sabe é que para nossas atividades em geral, essas rotinas são indispensáveis, pois sem elas, a vida seria um caos. Não conseguiríamos realizar muita coisa, então aprendemos a fazer sem necessitarmos parar para pensar nisso.

A maioria de nós tem uma postura que bloqueia o pensamento criativo e estimula comportamentos que são como barreiras para nossa mente. Enviamos mensagens para nosso cérebro quase que imediatamente ao ter uma ideia criativa: *"Bobagem, isto não vai dar certo"*, ou *"Preciso sempre seguir este padrão senão dará errado"*, ou *"Isto não tem lógica alguma!"*.

Bloqueamos também as ideias dos outros quando dizemos: *"Imagine se você entende alguma coisa?"*, ou *"Você brinca muito e não leva nada a sério"*, ou *"Seja, mais prático!"*.

Temos de nos permitir e permitir ao outro ser mais criativo.

Comece criando um visual novo, mude coisas que você havia deixado para trás. Invente coisas diferentes para você e para as pessoas com quem convive. Ser criativo muitas vezes nos tira da mesmice e do tédio; leva-nos a ver o mundo, as pessoas e as coisas de outra forma, faz com que sejamos vistos *"com os olhos da curiosidade"*.

E pessoas criativas é que fazem a real diferença. São pessoas que conseguem enxergar algo diferente onde todos apenas olham.

Einstein dizia que um problema bem definido já é metade da solução.

Dica:

Leia o livro *Um Toc na Cuca - Técnicas para Quem Quer Ter Mais Criatividade na Vida*, escrito por Roger Von Oech, com ilustrações de Claudia Scatamacchia. Você terá muitas dicas para trabalhar esse tema.

Lendo um artigo da editora Abril, tomei ciência de alguns estudos realizados para identificar quais traços da personalidade podem ser definidos pela genética, e a criatividade é citada como uma delas.

Segue parte do texto escrito por Janaina Harada (2016):

> *Atualmente, há pesquisas tentando relacionar DNA e várias características, como preguiça, gula e autoestima. Mas as conclusões ainda não são um consenso no meio científico. O primeiro estudo desse tipo começou em 1979: pesquisadores na Universidade de Minnesota analisaram o sangue, as ondas cerebrais, a inteligência e as alergias de 350 duplas de gêmeos fraternos e univitelinos, criados na mesma casa ou em lares separados. Em 1986, publicaram o resultado: gêmeos idênticos (com o mesmo DNA) apresentaram o dobro de características similares do que os gêmeos dizigóticos (que dividem metade do mesmo código genético). Concluiu-se que a hereditariedade influenciaria em mais de 50%, deixando o restante dividido entre criação dos pais, ambiente e experiências de vida.*

Uma extensão da pesquisa oito anos depois, porém, reviu esse valor para 40%.

1) Respeito à autoridade e tradicionalismo

2) Inteligência

3) Otimismo e autoestima

4) Gula

5) Preguiça

6) Criatividade

A Universidade de Cornell acredita que ela está ligada ao tamanho das fibras do cérebro, que é determinada geneticamente. Já o Instituto Nacional de Psiquiatria e Vícios de Budapeste associou a característica a genes que reduzem a inibição de emoções e da memória. Assim, uma maior quantidade de dados chegaria à consciência, possibilitando várias conexões e criações.

7) Popularidade

Resiliência

"Aquilo que não me destrói me fortalece."

Friedrich Wilhelm Nietzche

Resiliência

9

Saber superar as dores que muitas vezes afligem nossa alma.

O cientista inglês Thomas Young foi um dos primeiros a usar o termo Resiliência, em 1807.

Essa palavra, resiliência, é um conceito oriundo da física que se refere à propriedade de que são dotados alguns materiais, de acumular energia quando exigidos ou submetidos a estresse sem ocorrer ruptura. Após cessar a tensão, poderá ou não haver uma deformação residual. Portanto, resiliência é a capacidade de um material voltar ao seu estado normal depois de ter sofrido tensão.

Resiliência é a capacidade que uma pessoa desenvolve de superar dificuldades, adversidades, angústias ou estresse que ela tem vivido, de forma estratégica, transformando as suas crenças para aprender a trabalhar com suas atitudes,

com sua visão diferente sobre a situação (Sobrare).

Levada para a área de humanas, resiliência quer dizer que, ao sofrer uma carga de pressão, de tensão grande, o ser humano tem capacidade de sair dessa situação sem se abater e em processo de desenvolvimento. Os estudos realizados na Neuropsiquiatria têm demonstrado que nosso cérebro tem a capacidade de se moldar diante dos acontecimentos vivenciados no dia a dia. E é importante saber que o ambiente no qual estamos inseridos exerce grande influência.

Deparo-me muitas vezes com pessoas que têm o hábito de reclamar de tudo, ou quase tudo. Se acontece um pequeno problema, elas já se acham sem sorte, ou com visão de que, para elas, tudo é complicado. Ao sofrerem qualquer tipo de pressão, por menor que seja, perdem a capacidade de reagir positivamente, aprendendo com a experiência. Colocam-se quase sempre em posição de vítimas, de "coitadinhas".

> *Pessoas com grande capacidade de superação são mais felizes e realizadas.*
> *Pessoas com baixo nível de resiliência são mais deprimidas e pessimistas.*

Se definirmos que nossa vida é e será um mundo de problemas e dificuldades, pode ter certeza de que assim o será! Nosso cérebro reproduz o que enviamos para ele, é como um supercomputador. Ele segue os nossos comandos.

Se meu comando é de que os problemas que ocorrem são processos de aprendizagem e crescimento, terei mais proveitos e os superarei com mais facilidade, portanto, serei uma pessoa mais feliz!

Resiliência é uma das competências mais necessárias hoje em dia, tanto pessoal quanto profissionalmente. Ser resiliente nada mais é que compreender que por maior que seja a dor, por maiores que sejam os problemas, por maiores que sejam as preocupações, não importa o tempo que dure, temos a certeza de que um dia isso passará.

No meio corporativo, o termo resiliência significa *a capacidade de uma empresa de se adaptar às mudanças no ambiente em que está inserida*, ou seja, *como ela consegue reformular os seus processos de negócio para atender a novas exigências do mercado*.

Se as empresas precisam se adaptar às mudanças em uma velocidade cada dia maior, é óbvio que necessitará de pessoas que as façam acontecer, isto é, que a tornem veloz e que facilitem para que as mudanças aconteçam naturalmente.

Será que as empresas têm o maior número de pessoas com essa competência — resiliência — desenvolvida?

Sabemos que não existe fórmula mágica para ser *Mais* ou *Menos* resiliente. Para desenvolver essa competência, é preciso fazer todo dia algo melhor que o dia anterior. É dar sempre um comando positivo para nós mesmos. É procurar sempre o outro lado da resposta, ou da pergunta, quem sabe!

Ser resiliente nos dá margem para trabalhar melhor outras competências, como a criatividade, a iniciativa, o relacionamento interpessoal, entre outros.

O ser humano deve sempre repensar seus posicionamentos e seus valores. E, se você se sente menos resiliente do que gostaria, vire a página e escreva algo novo na sua história de vida. Saber superar os obstáculos e sair mais maduro da situação nos tornam pessoas mais amadas e admiradas. Não ser resiliente nos distancia dos outros. E acho que não é isso que desejamos!

Dicas:

Procure trabalhar nas pessoas a forma de verem as coisas, os outros e o mundo. Ajude-as a se superarem trabalhando alguns pontos essenciais:

1. Adaptação: Observar a capacidade de a pessoa em ser **adaptável**;

2. Atitudes: Focar as atitudes assertivas da pessoa;
3. Aprendizado: Tirar proveito das **situações ocorridas**, aprendendo com elas;
4. Autocontrole: Procurar formas de **liberar o estresse** e a tensão, que pode ser por meio do relaxamento, da meditação, da terapia ou trabalhos com a respiração;
5. Confiança: Ajudar a pessoa a **aprender a confiar mais em si mesma** (indique uma terapia, se for o caso);
6. Apoio: Estimular a pessoa a ter **bases de apoio**, como a família, por exemplo;
7. Propósito: Ter **consciência** sobre qual é o propósito de vida pessoal ou profissional;
8. Crenças: Dar **novos significados** às suas crenças;
9. Desenvolver: Definir de que maneira a pessoa pode treinar para **mudar as crenças limitantes**, ter novas posturas e comportamentos mais assertivos.

Administração do Tempo

"A vida já é curta e nós a encurtamos ainda mais desperdiçando o tempo."

Victor Hugo

10 Administração do Tempo

Administra-se a pessoa, não o tempo.

Costumo dizer às pessoas que administração do tempo não é técnica, é hábito. Criamos determinados hábitos que nos levam a manter atitudes pouco ágeis, que comprometem nossa maneira de lidar com ele, o Tempo. Portanto, para que o *tempo* esteja a nosso favor, temos de provocar em nós uma mudança de comportamento.

Li em um artigo (não me lembro o autor) que *os dois instrumentos mais poderosos quando se pensa em administrar o tempo são: a bússola e a agenda. Dos dois, a bússola é de longe o mais importante. A bússola mostra a direção, enquanto a agenda organiza as ações na implementação dos objetivos. O principal erro é priorizar a agenda. A expressividade da conquista dos objetivos está diretamente relacionada a dois fatores que se equalizam — a estratégia e a tática. A bússola representa a estratégia, enquanto a agenda representa o aspecto tático.*

O que é administração do tempo? Paradoxalmente, a lúcida administração do tempo necessita extrapolar a otimização do tempo — fazer mais em menos tempo. Atingido o equilíbrio entre a conquista dos objetivos e o tempo alocado, faz-se necessário transcender — isto é, dispor de tempo livre e estar preparado para usufruí-lo. Tempo é bem mais do que dinheiro, é qualidade de vida.

Temos muitos hábitos em nossa vida: o hábito de fazer pelos outros; o hábito de não dizer não; o hábito de ficar ao telefone sem saber dizer à pessoa do outro lado da linha que estamos ocupados e não podemos conversar naquela hora, e assim vai.

Temos o hábito de explicar as coisas em detalhes, tantas vezes irrelevantes. Não queremos magoar o outro e, então, aceitamos sair com ele quando nosso desejo é de assistir a um filme na TV, comer pipoca e tomar guaraná!

Somos atrapalhados em questões pessoais e nos organizamos mal. Deixamos de lado muitas coisas importantes, esquecemos outras tantas e perdemos aquele encontro tão esperado. Não priorizamos nossas coisas e esquecemos de analisar o que é realmente significativo para se fazer.

As pessoas com dificuldades em administrar seu tempo têm problemas na vida pessoal e profissional. Estão sempre muito ocupadas e não têm tempo para sair, passear, se distrair, de se divertir com seus amigos, filhos ou marido/esposa etc., afinal, estão sempre cansadas, fatigadas com tanto trabalho que tiveram.

Lembro-me de alguns casos, até hilários, em meus treinamentos em que as pessoas consideradas perfeccionistas, ao ouvirem meus comentários sobre administração do tempo, balançavam a cabeça confirmando o que eu falava, e diziam-se fatigadas desse comportamento, mas que lhes era difícil mudar, pois a necessidade de observar tudo, todos os detalhes, era maior que a vontade de querer mudar. Era algo incontrolável, alguns debatiam.

Com calma e persistência, eles percebiam as vantagens da mudança, de serem mais livres do compromisso com a perfeição e, principalmente, desenvolviam a competência da delegação, assim, com o tempo, delegavam a outros algumas tarefas pelas quais se achavam responsáveis e se permitiam não conferir com tanto afinco. Mas que davam palpites na execução, pode ter certeza que sim!

É nesse momento que temos a obrigação de parar e mudar nossas atitudes, nosso comportamento. Temos de criar outros hábitos, mais salutares. Devemos criar o hábito de fazer somente aquilo que podemos, sem sobrecarga. Devemos deixar de ser tão perfeccionistas e cobrar detalhes que não vão agregar. Podemos ser menos exigentes conosco e com os outros.

Devemos criar o hábito de saber dizer não quando necessário, pois colocar limites, além de importante, nos dá mais segurança em nossas ações. Outro hábito que devemos criar, também, é o de delegar para os outros aquilo que eles realmente podem e sabem fazer.

Com tudo isso, teremos mais tempo para criar outras estratégias para nossa vida profissional e pessoal. Ficaremos mais serenos, menos estressados e menos ansiosos, portanto, seremos pessoas mais agradáveis de se conviver e os outros se sentirão mais à vontade em nossa companhia.

Vamos nos tornar pessoas mais organizadas e menos atrapalhadas, menos afobadas, e, sabendo desenvolver bem essa competência, pode ter certeza de que muita coisa mudará em sua vida. A começar por você, sentindo-se mais livre!

Lembre-se: administrar o Tempo é fazer as atividades de forma inteligente, planejada, pois a correta utilização do tempo traz vantagens tanto para as pessoas como para as empresas nas quais trabalham, tornando ambas mais eficazes. A produtividade se eleva, a qualidade dos bens e serviços se aperfeiçoa, o nível de estresse baixa e o clima de trabalho torna-se mais saudável e gratificante.

Saber usar corretamente o tempo é um dos indicadores de competência pessoal e profissional.

Dica:

Crie um *agendão* para ter uma perspectiva de suas atividades e o tempo destinado a elas. Faça planilhas para acompanhamento de tudo que se propôs a fazer durante determinado tempo, que pode ser uma semana, assim poderá fazer os ajustes necessários para administrar melhor seu tempo *versus* atividades.

Otimismo

*"Um otimista vê uma oportunidade
em uma calamidade.
Um pessimista vê uma calamidade
em cada oportunidade."*

Winston Churchill

11 Otimismo

Foi muito difícil para mim, durante um bom tempo, entender por que as pessoas não conseguiam enxergar as situações, o mundo, as outras pessoas e a vida como eu enxergava.

Sempre fui uma otimista de carteirinha, portanto, sempre acreditei que para tudo havia uma solução, uma saída, ou mesmo uma explicação. A vida sempre me pareceu mais leve de ser vivida pelo fato de acreditar que há sempre um lado bom ainda não revelado. Em tudo! Nos fatos e nas pessoas.

Sou daquelas pessoas que primeiro confio nos outros, até que me provem o contrário. Já tive decepções, porém foram superadas quase que instantaneamente, pois sabia que algo melhor estaria por vir.

E vinha!

Convivo com pessoas que usam frases como:

Diante de uma situação boa:

"Não sei não, eu já sofri tanto que não dá para acreditar...", ou

Quando alguém apresenta uma nova ideia:

"Ah! Você é uma ingênua, isto nunca dará certo...", e ainda,

Frente a uma oportunidade de mudança:

"Eu tenho medo de que não dê certo, prefiro não esperar nada para não sofrer...".

Um otimista, diante das mesmas situações, se colocaria desta forma:

"Já passei por muitas experiências e posso garantir que não será este obstáculo que vai me impedir...", ou

"Você é uma pessoa de visão, pode ter certeza de que dará certo...", ou

"Eu não tenho medo do que possa acontecer, estou preparado para o novo e adoro desafios.".

Nos programas que realizo, sempre tenho muitos fatos a recordar em cada uma dessas competências da vida, pois os participantes relatam suas histórias.

> Era dia de semana, estava no Recife, em Pernambuco, ministrando um treinamento para os líderes de uma grande empresa de telecomunicações. Trabalhava com vários grupos e havia um momento, logo no início, em que eles se apresentavam e falavam sobre coisas da vida deles que os demais não sabiam. Apesar de tanto tempo trabalhando juntos, pouco conheciam da vida de cada um.
>
> Um dos líderes, jovem, casado com uma mulher muitos anos mais velha que ele, pai de uma menina adotiva, nos contava sobre sua história de vida e das agruras que teve de passar em sua infância e adolescência. Fome, maus tratos, intolerância, agressões verbais e físicas, eram inúmeras as situações de angústia e opressão pelas quais

passou esse líder. Ele relatava que havia momentos que não tinha vontade de voltar para casa, pois sabia que seria maltratado e que não haveria o que comer, afinal, os outros irmãos tinham de comer e, como ele era o mais velho, aguentaria mais.

Ele continuava seus estudos porque gostava e acreditava que seria um vencedor. Tinha vontade de crescer e de se tornar "alguém importante" para alguma pessoa. Apresentava garra, combatividade, força, esperança, fé e, além de tudo isso, era um *otimista de carteirinha*, como costumo dizer. Ele sabia que algo mudaria, que não sofreria mais, mas que tudo dependeria mais dele.

A cada situação ruim ou constrangedora, ele se via no futuro (podia não estar muito claro ainda), mas ele se via aprendendo com o que passou. Em nenhum momento criticou o que fizeram com ele, pelo contrário, dizia que aprendeu muito com todos e que isso lhe ensinou a ser um ser humano melhor. Algumas pessoas no grupo choravam e comentavam que não aguentariam metade do que ele passou e sofreu, e que não conseguiriam ser tão otimistas como ele era. E como era!!

Histórias como esta eu escutei muito (sofri muito ao ouvi-las, também) e, por saber que não pude fazer nada por eles naquela época, deveria fazer algo agora, neste momento. E assim desenvolvia meu trabalho potencializando o que cada um tinha de melhor, e o otimismo que esse líder demonstrava ter serviu de exemplo para muitos que tiveram uma vida tranquila e que só faziam reclamar e não acreditar em um futuro melhor.

Sobre o otimista e o pessimista, nós conhecemos várias histórias; algumas são relatadas em quase todas as palestras sobre Motivação e Otimismo, mas a melhor história será aquela que escreveremos.

Qual será?

Escreveremos algo com foco no futuro e desejo de sucesso ou foco no presente e medo do fracasso? *Quem tem medo de errar é porque tem medo de aprender* — dizem.

Portanto, ser otimista significa aprender com os erros ou as situações adversas, e construir com eles degraus para uma escalada mais alta. Nosso receio de olhar para o futuro e não conseguir enxergar nada de positivo merece atenção e ajuda. Conversar com alguém que nos auxilie a repensar nossos pensamentos facilita nossa vida, tornando-a mais prazerosa e sonhadora.

Dica:

Estimule a pessoa, da empresa ou da família, a pensar em algo que considere importante. Peça que ela escreva em uma folha de papel as vantagens e desvantagens em duas colunas. Identifique se o número de vantagens é maior ou menor que o de desvantagens. Separe o papel em dois — vantagens e desvantagens — e guarde o de desvantagens. Peça para que ela leia novamente o de vantagens e descreva ações que garantam esse resultado. É um exercício que estimula pensamentos positivos, mais otimistas.

Lembra-se daquele artigo da editora Abril que li e coloquei em Criatividade? Pois bem, segue a definição de Otimismo.

> *3) Otimismo e autoestima*
>
> *Psicólogos da Universidade da Califórnia descobriram que a existência das bases nitrogenadas adenina (A) ou guanina (G) em um local específico do gene responsável pela recepção do hormônio ocitocina influencia os níveis de otimismo e autoestima. Quem tem uma ou duas bases A tem mais chance de sofrer com sintomas de depressão do que quem tem duas G.*

Motivação

"Motivação é a arte de fazer as pessoas fazerem o que você quer que elas façam porque elas o querem fazer."

Dwight D. Eisenhower

Motivação

12

Ser Motivado é diferente de Estar Motivado. Em qual dos pontos você se encontra?

Motivação é um assunto batido e muitas vezes repetimos o que muitos já falam. Tendemos a reproduzir palavras de incentivo e ânimo para que, aqueles que se sentem desanimados, possam se perceber mais dispostos a enfrentar as oposições da vida.

Porém, motivação é algo que vem de dentro e que só nós temos o poder de estabelecer a mudança. Como dizem, *motivação é uma porta que só abre do lado de dentro*, ficando, para mim, a responsabilidade de bater à porta e esperar que a abram.

Abraham Maslow (1908–1970), psicólogo experimental americano e professor de Psicologia na Universidade de Brandeis, considerado o pai do humanismo na psicologia (junto com Anthony Sutich, no final da década de 50 e início os anos 60 do século passado, articulou, organizou e institucionalizou o Movimento Humanista, considerado pelos estudiosos da Psicologia como a Terceira Força da Psicologia), foi o criador da *Teoria da Hierarquia das Necessidades*.

De acordo com essa teoria, o ser humano possui diversas necessidades que podem ser separadas em categorias hierarquizadas. Para motivar uma pessoa, devemos suprir cada necessidade antes de pensar em outras em categorias mais altas. São cinco categorias, e vou resumi-las (Figura 01):

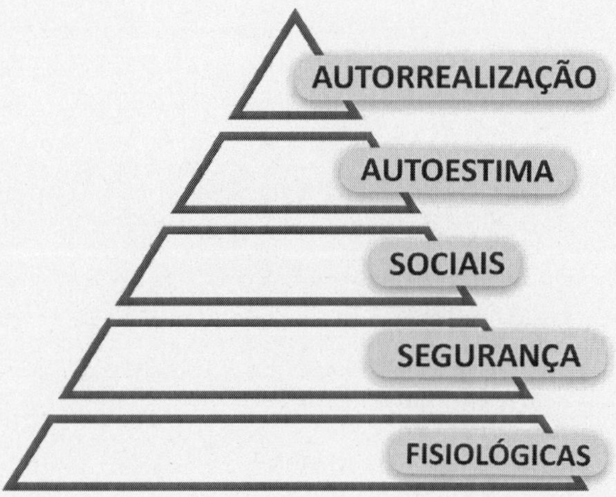

Figura 01

Necessidades Fisiológicas: *São relacionadas às necessidades do organismo, prioridades do ser humano. Entre elas, estão: respirar e se alimentar, comer, beber, dormir, fazer sexo.*

Necessidades de Segurança: *Proteção contra danos físicos, segurança em casos de doenças, acidentes, problemas financeiros etc.*

Necessidades Sociais: *Com as duas primeiras categorias supridas, passa-se a ter necessidades relacionadas à atividade social, como* *amizades, aceitação social, suporte familiar e amor. Ser aceito por outros, pertencer a grupos.*

Necessidades de Status e Autoestima: *Ter o respeito de outros, ter seu valor reconhecido, ser tido como útil, reconhecer o próprio valor. Em alguns casos, leva a exageros como arrogância ou complexo de superioridade.*

Necessidade de Autorrealização: *As pessoas neste nível de necessidades gostam de resolver problemas, têm um senso de moralidade e gostam de ajudar os outros. Atingir o máximo de seu potencial, utilizar o máximo de sua capacidade.*

A satisfação de cada nível é pré-requisito para que o nível seguinte influa em nosso comportamento, o que o coloca em constante dinâmica, já que pode em um momento ser guiado, por exemplo, pela necessidade de autorrealização (caso de uma formatura), e no momento seguinte, pela necessidade de afetividade/amor (no caso de a mesma pessoa romper um relacionamento, por exemplo).

A escalada da pirâmide não depende apenas de condições oferecidas, mas também das circunstâncias de vida de cada pessoa.

Pessoas pessimistas ou desmotivadas podem ter comportamentos como a *passividade* ou a *recusa de responsabilidade* diante dos dilemas da vida humana e que são, na verdade, sintomas gerados pela *Insatisfação das Necessidades Egoísticas*.

Uma visão pessimista leva a pessoa a ficar frustrada por não conseguir atingir seus objetivos e, dessa forma, uma pessoa frustrada está tão doente quanto uma pessoa desnutrida, de acordo com as ideias de Maslow.

Portanto, qualquer indício de frustração é uma ameaça psicológica, o que produz reações gerais de emergência no comportamento humano.

Quando as pessoas me perguntam como se automotivar, costumo questioná-las sobre:

- *Você sabe a que veio?*

- *Qual a sua razão de viver?*
- *Você sabe qual é sua missão?*
- *Qual é o motivo que o leva a fazer o que faz?*
- *O que o movimenta para frente?*
- *O que o faz levantar todos os dias?*
- *Quais os valores envolvidos no seu dia a dia?*
- *O que está por trás de sua ética, de sua honestidade pessoal, de sua postura diante da vida?*

Peço que elas meditem a respeito desses assuntos, pois quando descobrirem o que realmente as impulsionam, poderão deixar de lado muitas coisas que estão tomando o seu tempo e que pouco contribuem significativamente para suas vidas.

Um fator que contribui, e muito, para a automotivação é o exemplo. Assim como os romanos já diziam, ***Exemplum Docet*** (o exemplo ensina), procure observar como agem e pensam as pessoas que você mais admira, e aja e pense de acordo com o que observou.

Não se esqueça de que sua mente necessita ser alimentada tanto quanto seu corpo necessita de alimentos. Observe como anda a sua *dieta* mental. Você tem dado morada a pensamentos construtivos ou negativos? Você tem lido ultimamente? O que tem lido? O que assiste na televisão? Como ocupa a sua mente nos momentos de lazer?

A escolha da *dieta* mental deve ser sempre substancial. O fato de ler livros construtivos que acrescentem alguma coisa à sua vida pode lhe auxiliar a ter pensamentos mais animados e motivadores. A conversa com seus amigos deve versar sobre temas condizentes com seus objetivos. Os programas na televisão devem trazer alegria e prazer, e não preocupação e tristeza.

Lembre-se de que a automotivação consiste em encontrar dentro de si motivações e energias que o impulsionem à concretização de seus objetivos. Pode também significar o "segundo fôlego", que o impulsiona para frente, mesmo quando as forças parecem estar prestes a faltar. Mas, acima de tudo, é a maneira individual que cada um tem para ampliar os próprios recursos.

É muito fácil se automotivar quando a *sorte* parece pipocar de todos os lados e quando o menor esforço produz resultados tangíveis. Mas, você precisa realmente dos recursos da automotivação justamente quando as coisas parecem sempre dar errado e os esforços, apesar de toda a sua dedicação, não resultam em nada concreto.

Já que seus paradigmas (suas crenças) é que impulsionam você para os resultados que vem obtendo, talvez seja de bom alvitre mudá-los se quiser conseguir mais do que vem conquistando. Em outras palavras: se você quer chegar a um resultado diferente daquele que tem conquistado, mude o que você está pensando e fazendo, ou acabará chegando novamente ao mesmo lugar.

Pergunto às pessoas se elas sabem como se come um elefante? Elas me olham esperando algo inusitado e, então, respondo: uma dentada de cada vez. Não adianta tentar fazer tudo ao mesmo tempo, isso não vai motivar ninguém, pelo contrário. Se a atividade a que se propôs for grande demais, divida-a em cargas pequenas para que você tenha forças suficientes para carregá-las.

Você sabia que a palavra disciplina vem do latim e significa *ensinar algo a si mesmo*? Automotivação pode ser outro nome que você pode dar ao ato de *ensinar alguma coisa a si mesmo*. Perceba que você não precisa de esforço nem de sacrifício para ter uma vida disciplinada, você precisa apenas de automotivação.

Portanto, procure se afastar de fatos e de pessoas negativas e negadoras. Afaste-se das notícias ruins. Aceite e valorize os *insights* positivos. Cultive a alegria, o riso e o bom humor. Não reclame ou fale mal dos outros, esteja sempre pronto a colaborar. Ilumine mais o seu ambiente de trabalho e a sua casa, pois a escuridão é sinônimo de depressão. Ande bem vestido, limpo e perfumado.

Goste de sua imagem, do que vê no espelho. Sinta-se diferente, melhor, mais produtivo.

Pense grande. Sonhe grande. Deseje mais. Surpreenda as pessoas com "momentos mágicos".

Dicas:

1. Ensine as pessoas a olharem para as coisas com outros olhos: de alegria!
2. Mostre sempre que existe uma vontade dentro de nós que não pode ser apagada, tem de ser renovada, sempre!
3. Estimule as pessoas a encontrar Motivos para ser melhor, para ser feliz, para fazer o outro feliz.
4. Assista a este filme no Youtube:

https://www.youtube.com/watch?v=EtDMHhoR7K0&t=47s

Comunicação

*"A leitura traz ao homem plenitude,
o discurso segurança e a escrita exatidão."*

Francis Bacon

Comunicação

13

Do latim *COMMUNICARE*, significa partilhar, repetir, associar, trocar opiniões, tornar comum etc. (FERRAZ et al., 1988).

Essa definição tornou-se popular através dos tempos e é usada para denominar as relações entre as pessoas. A comunicação é entendida como a transmissão de estímulos e respostas provocados por meio de um sistema completo ou parcialmente compartilhado; é todo o processo de transmissão e de troca de mensagens entre os seres humanos (*Comunicação Verbal e Não Verbal*).

STEFANELLI (1992) define a comunicação como "um *processo de compreender, compartilhar mensagens enviadas e recebidas, no qual as próprias mensagens, e o modo como se dá seu intercâmbio, exercem influência no comportamento das pessoas nele envolvidas, em curto, médio e longo prazo, no local onde ocorreu a comunicação ou mesmo à distância*".

Para que sua comunicação se torne mais eficaz, você precisa desenvolver alguns conhecimentos e habilidades.

Conheça-se mais: mais uma vez a importância de se conhecer! Todas as vezes que converso com os treinandos, reforço que o autoconhecimento é um dos fatores principais para que a comunicação flua com mais clareza. Quando nos conhecemos mais, conseguimos saber exatamente o que nos incomoda ou atrapalha em uma conversa, assim como sabemos se somos prolixos ou pragmáticos demais a ponto de comprometer o entendimento do que comunicamos.

Saiba dialogar/escutar/perguntar e falar: mesmo sendo algo que acreditamos saber fazer, muitos de nós não sabemos dialogar, sabemos *"monologar"* (essa palavra não existe, perdoe-me usá-la neste livro). E outro problema gravíssimo é não saber **escutar**. O ser humano ouve o que quer ouvir, é seletivo, ouvindo somente o que lhe convém ou lhe agrada. Com isso, deixa de conhecer melhor o outro por não se prestar a ouvi-lo. Isso ocorre muito entre marido e mulher. Dentro de cada um reside uma necessidade, uma prioridade ou mesmo um problema em relação ao outro. Quando o casal "discute a relação", são proferidas palavras que magoam, maltratam ou irritam o outro, levando-os a um desentendimento maior, pois escutam somente os pontos que servem de argumentação para reforçar seus pensamentos.

Faça-se entender: quantas vezes cobramos que o outro nos entenda se, na verdade, não nos fazemos entender? Pois é, fazer-se entender exige mais de mim do que do outro, portanto, quem deve se desenvolver mais nesse aspecto sou eu. Claro? Nem sempre. Algumas pessoas acham que se comunicam de forma clara e transparente, que não precisam explicar para que sejam entendidas. O assunto, ou tema, está claro para quem transmite, mas não é tão simples para quem o escuta. Quantas vezes você se viu falando algo de forma sucinta por acreditar que o outro tivesse todo o conhecimento daquilo que estava comunicando? E quantas vezes essa mesma pessoa o olhou de forma fixa tentando ler seus pensamentos (com vontade de apertar a tecla SAP para simplificar!)? O que normalmente coloco para as pessoas é que em uma comunicação a responsabilidade de se fazer entender é do transmissor e não do receptor, portanto, devemos tornar clara nossa mensagem para que nos façamos entender.

Bom humor: quantas vezes você ouviu pessoas com um humor invejável e se viu pensando que gostaria de ser um pouco assim? Você já notou que essas pessoas falam com mais naturalidade e são melhor compreendidas? Pois bem, quando você pensar que para ter uma melhor comunicação é preciso ter, também, um bom humor, reflita em como está o seu e em como poderia melhorá-lo. Pessoas com humor agradável têm maior capacidade de *se permitir* e de *permitir ao outro*. Quando falo sobre isso, algumas pessoas me olham de esguelha tentando descobrir aonde quero chegar. Quero chegar ao fato de que se você se permite *ser* e *estar*, provavelmente você é mais livre e menos propenso a regras rígidas que engessam nossa visão. Quero deixar claro que tudo na vida precisa de regras, de limites, senão, seria o caos; mas refiro-me àquelas regras criadas muitas vezes pela própria pessoa, que tem a visão distorcida e interpreta de forma errônea alguns comportamentos. Pessoas com essa característica dificilmente escutam o outro!

Atitudes como Cooperativismo, Imparcialidade, Empatia, Carisma, Iniciativa, Criatividade, Flexibilidade e Ponderação são outras tantas que facilitam a comunicação, tornando-a mais efetiva.

O Processo da Comunicação poderia ser representado numa visão racional e mecânica em que um fala, o outro escuta e responde.

Na realidade, raramente a comunicação é tão simples. Quem fala espera ser entendido pelo que ouve e espera do receptor uma reação à sua comunicação. Caso o emissor esteja apenas *parcialmente* consciente de tudo o que está comunicando para o receptor, cria-se o que Warren Bennis chamou de “arco de distorção”.

O Emissor (A) comunica algo para o Receptor (B) que ele não queria ouvir, B reage a essa comunicação (A não teve intenção de ferir ou magoar) e confunde A, que não pode compreender por que sua comunicação foi respondida tão estranhamente.

> Ex.: A que, inconsciente de seu tom de voz atemorizador, pede a B uma opinião honesta sobre seu comportamento. Ele se surpreende com a falta de franqueza de B.

Nesse caso, A é o emissor da comunicação, portanto é o foco. Tudo que A comunicar (intencionalmente ou de outra forma) será recebido por B por meio de seu conjunto de filtros perceptuais. A resposta de B a A será parcialmente em função do que B ouviu, ou pensa que ouviu.

Pronto! A confusão está formada. Tantas vezes me deparei com situações conflitantes em comunicação devido ao *não saber ouvir*!

Sabemos que ouvir é um processo seletivo, pois ouvimos aquilo que queremos ouvir, o que nos agrada e aquilo que esperamos ouvir. Falar com outra pessoa é um processo dinâmico porque a outra pessoa reage, e suas reações influenciam nossas futuras reações. E assim podemos desfazer alguns nós da comunicação ou podemos comprometê-la ainda mais. A decisão é nossa!

Podemos comparar as consequências *pretendidas X reais* e estar um uma posição melhor para mudar nosso Comportamento na Comunicação.

Não estamos questionando o estilo correto de comunicação existente, e sim a "congruência" — *"Eu estou comunicando o que quero comunicar?"*.

"Minhas palavras e minhas ações são consistentes com os meus sentimentos ou eu estou manipulando *minhas comunicações de maneira que não percebo?"*

A Comunicação se rompe sempre quando sua comunicação tem como propósito provar sua razão em vez de tornar claro o que disse. E quando emoções e sentimentos são reativos a experiências passadas de significado semelhante, você reage ao que o outro coloca por não se sentir confortável ao se lembrar de situações passadas.

Outro ponto de igual importância está relacionado ao conteúdo e/ou contexto. Nem sempre se observa se são apropriados ou não. O conteúdo nem sempre é formado de palavras e conceitos que o receptor tenha como experiência.

O fracasso ocorre quando nos contemos e não estamos dispostos a receber, a mudar, a dar atenção ou a reconhecer o que não percebemos.

Quando deixamos de expressar nossos sentimentos ou opiniões, podemos impedir que outras pessoas conheçam nossa forma de *pensar o assunto* e de se relacionar de maneira mais próxima, ou não. Deixamos de ouvir o outro a respeito de nossa percepção quanto ao fato em discussão e não aprendemos com isso.

O que sempre faz com que nossa Comunicação seja distorcida é a maneira como nos colocamos diante do tema, da pessoa ou do ambiente.

Temos o hábito de olhar as coisas sob nosso prisma e acreditar que estamos corretos em nossa forma de pensar. *Mas, será que estamos sempre corretos? Será que o outro não tem algo a acrescentar que mudaria minha forma de ver? Por que quero que as coisas sejam da minha forma?*

Conheço muitas pessoas que têm o conteúdo da mensagem que estão emitindo extremamente correto, porém, erram na hora de transmitir, pois a *forma* de expressar sua opinião ou sentimento está errada. Ou seja, falam em tom de voz alterada (um tom acima), demonstram irritabilidade por meio do corpo (o corpo fala) e querem que o outro aceite totalmente sua maneira de interpretar as coisas.

Não se consegue muita coisa dessa forma!

A tendência é se afastar, se interpor ou esbravejar de maneira a criar um atrito, ou evitá-lo!

Comunicação é a maneira que as pessoas encontram para trocar ideias, porém, quando há da parte do emissor ou do receptor um comportamento inadequado, a comunicação não acontece de forma completa ou intensa. Ela é fragmentada e prejudicada em sua compreensão.

Para obter uma melhora na habilidade de comunicação com os outros, é essencial compreender as falhas de nossa comunicação com eles. Mas nem todas as pessoas estão dispostas a mudar, pelo contrário, esperam que o outro mude!

Comunicação é relacionamento. Quando nossa comunicação se torna distorcida ou mal compreendida pelos receptores, deixo de me relacionar com ele e com os demais, pois não me faço entender.

Coloco sempre para as pessoas que o responsável pela comunicação é sempre quem está emitindo — emissor. Se o outro não compreendeu, não fui clara o suficiente para ser compreendida, então, devo rever minha forma de expressar, meus gestos, meu tom de voz e comunicar novamente procurando checar se fui clara o suficiente para ser compreendida.

Quando não desenvolvemos nossa habilidade de comunicação nos vários ambientes em que convivemos, podemos perder a grande oportunidade de conhecer mais pessoas e nos relacionar de maneira mais saudável.

Em casa, no trabalho, com amigos etc., precisamos observar em que ambiente temos mais ou menos facilidade de comunicação. É óbvio que nos comunicar com pessoas que nos conhece muito bem é mais fácil e estou em minha zona de conforto; mas é preciso ousar mais e conhecer melhor nossa comunicação fora desse contexto conhecido, aproveitando as oportunidades que surgem para tornar nossa comunicação cada dia melhor. Com isso construímos relacionamentos mais duradouros e tranquilos.

Dica:

Escreva uma frase de um tema relevante (mas que não gere polêmica) em um quadro, cartolina ou *slide* para apresentar ao grupo da empresa, ou família, e peça para que cada um escreva algo sobre o tema. Pode ser outra frase, mas que, juntando todas elas, vocês criem um texto consistente, claro, com bom vocabulário e que gere satisfação e compreensão aos que o escreveram. Pode ser sobre assuntos que estão trazendo alguma discussão, seja na empresa, seja na família.

Determinação

"As pessoas não carecem de força, carecem de determinação."

Victor Hugo

14

Determinação

A origem da palavra determinação vem do latim *Determinare (determinatĭo)*, que significa *rodear*, *colocar limites em*; é a junção de *DE*, *para fora*, mais *TERMINARE*, *marcar os limites*, de *TERMINUS*, *fim*, *limite*.

Dalai Lama afirma que "determinação, coragem e autoconfiança são fatores decisivos para o sucesso. Não importa quais sejam os obstáculos e as dificuldades. Se estamos possuídos de uma inabalável determinação, conseguiremos superá-los. Independentemente das circunstâncias, devemos ser sempre humildes, recatados e despidos de orgulho".

E Buda diz que "a causa das muitas derrotas que temos não está nos obstáculos ou no rigor das circunstâncias, está na falta de determinação e desistência da própria pessoa".

Pesquisando alguns autores sobre o tema, identifiquei alguns que acho interessante citar suas definições.

A determinação é a **ação** e o **efeito** de determinar, ou seja, de tomar uma resolução, de fixar os termos de algo ou de assinalar algo para algum efeito. Como exemplos: *"O treinador do time anunciará amanhã a sua determinação na manutenção do jogador como ponta-esquerda", "A determinação do presidente foi resolver o conflito sem recorrer à força", "Falta confirmar o local, mas a determinação está tomada".*

O conceito também se utiliza como **sinônimo de valor** ou ousadia: *"Se conseguiu chegar até aqui, foi graças à sua determinação e coragem", "Tudo é possível com determinação", "O corredor mostrou a sua determinação ao continuar na competição com um pneu vazio", "O candidato não teve determinação suficiente para ir ao fundo da questão".*

Afirmam alguns autores que as pessoas determinadas são aquelas voltadas continuamente para melhorar resultados e que reavaliam e atualizam o próprio nível de conhecimento profissional. São pessoas mais perseverantes, apesar dos contratempos.

Pessoas determinadas conseguem alcançar com mais facilidade aquilo a que se propõem fazer, pois têm mais afinco, ou têm mais foco e se disciplinam a ir em busca de atingi-lo. Não desistem e não se deixam abater facilmente.

Podemos, então, falar sobre os indicadores positivos da determinação, tais como:

- trabalhar para melhorar o próprio desempenho;
- ser independente ao traçar suas metas, padrões e direções próprias;
- ter senso de urgência;
- não ser rígido, sendo perseverante diante de obstáculos;
- manter o otimismo e tentar novamente quando as coisas não dão certo;

- procurar constantemente aumentar seu próprio conhecimento profissional; e
- ter muito dinamismo e motivação pessoal.

Então, determinação significa *terminar* e, de modo literal, quer dizer *colocar limites*. Por analogia, uma pessoa determinada é aquela que chega ao fim do que ela mesma determinou, ou delimitou. Isso faz sentido, pois mostra que o conceito de determinação é algo ligado essencialmente ao indivíduo, ele que opta pela ação, pelo projeto e, consequentemente, pelo resultado.

As pessoas podem questionar sobre as variáveis externas, ou interferências externas, e se elas influenciam, ou não, na determinação do indivíduo; claro que sim. Porém, devemos entender que é a posição da pessoa que fará, ou não, a diferença.

Temos de perceber que as pessoas traçam na vida objetivos e buscam atingi-los, criando um caminho capaz de levá-las ao resultado idealizado. Todos temos projetos, sonhos e objetivos que queremos alcançar. Mas apenas os determinados conseguem chegar ao final desse caminho e conquistar o que desejam. Talvez esta seja a grande diferença!

A pessoa determinada possui e demonstra paixão, dedicação e desenvolve muito o planejamento.

A determinação deve existir em situações diversas, sejam estas impactantes ou não; e o objetivo precisa ser definido, a pessoa precisa saber o que quer, e assim vai saber desenhar seu caminho até lá. Se não temos um objetivo final, não sabemos aonde chegar, então não sabemos por onde caminhar.

Ser determinado é ter a capacidade de superar a frustração, a ansiedade e o medo e perseguir seu objetivo até o fim, até sua conclusão. Mas os determinados são persistentes e querem muito atingir suas metas, pois têm uma paixão pelo objetivo e lutam, perseveram sempre.

Segundo Yasushi Arita (Arita Treinamentos), o homem é realizador na sua essência. Ele constrói o próprio futuro a partir das decisões do seu presente, e as decisões de hoje são feitas a partir do seu aprendizado no passado. Porém, existe uma grande diferença no resultado dos empreendimentos entre as pessoas comuns e as bem-sucedidas.

As pessoas bem-sucedidas não perdem tempo discutindo suas limitações. Elas decidem e ousam lutar por seus ideais, independentemente das dificuldades que possam encontrar pelo caminho. Procuram estabelecer prioridades e concentrar-se em seus objetivos, sendo, acima de tudo, determinadas.

Então, determinação é a capacidade de decisão?

Pessoas determinadas são firmes em seus propósitos, estão convictas do que desejam e saem em busca de realização de seus planos bem elaborados.

Devemos ter consciência de que em nossa existência encontraremos muitas oportunidades, mas também situações difíceis e barreiras que devem ser rompidas. E para que possamos conquistar nossos objetivos, a nossa determinação em realizar algo deve ser maior que as possíveis dificuldades que venham surgir em nossos caminhos.

Devemos esquecer palavras ou frases que nos impeçam de avançar, como "não posso", "não consigo", "não tenho condições" e assim por diante. Devemos manter o foco, nos direcionar para superar nossas limitações e alcançar nossos objetivos.

Pergunte-se: "O grau de determinação que possuo é igual ou menor que o meu desejo da conquista?".

Saiba usar sua capacidade de tomar decisão para que possa seguir em frente.

Lembre-se, não entregue a outro a responsabilidade de traçar as metas por você. Não fique contente em alcançar apenas o esperado, vá em busca de novos desafios, e quando se deparar com obstáculos ou barreiras, não desista, enfrente!

E não perca a motivação e o rendimento quando as coisas não derem certo!

Não desista, afinal, os resultados que alcançar só lhe trarão felicidade pela capacidade que demonstrou em continuar!

Dica:

Acredito que, em rodas de conversa, este tema possa ser discutido e refletido por todos. Leve sempre informações sobre o que quer discutir para motivar as pessoas a conversarem a respeito. Questione o grupo sobre quando eles percebem que a determinação faz diferença, ou não, no trabalho ou em casa.

Disciplina

"A disciplina é a mãe do êxito."

Ésquilo

Disciplina

15

Eis aí uma competência que muito me agrada!

Devo muito a ela, pois me orientou, direcionou minhas forças e me manteve atenta aos meus objetivos.

Acho que disciplina é um dos principais fatores para que se consiga ter êxito em nossa vida. A disciplina nos mostra como estar focado no que é preciso ser feito para atingir um objetivo! A disciplina nos leva a ter mais organização e planejamento para a realização de nossas tarefas, e nos ajuda a obter melhores resultados!

Posso falar sobre todas as razões que nos levam a ir em busca da disciplina:

1. quando não consigo dar continuidade às atividades que iniciei;

2. quando perco o foco com facilidade, desviando minha atenção;

3. quando procrastino minhas decisões, sem me preocupar com as consequências delas;
4. quando coloco obstáculos onde não existem, só para não fazer;
5. quando desisto!

Quando penso nas razões que me levam a não atingir meus objetivos, tenho sempre justificativas que garantem que tomei a decisão certa!

Ledo engano: estou simplesmente mascarando uma realidade, a de que não tenho disciplina o suficiente para dar continuidade ao que comecei...

Somos bombardeados constantemente por razões e oportunidades que nos levam à dispersão, mas, se nos permitirmos à invasão, pouco manteremos de nossos propósitos. O fato de acumularmos muitas atividades, abrindo muitas frentes, também é outro fator que nos distancia da disciplina.

A disciplina requer um comportamento mais organizado e interessado em se manter no foco para atingirmos nosso propósito.

O não colocar limites, não sabendo dizer não, nos torna mais susceptíveis à indisciplina. Imagine alguém que não consegue desligar o celular, interrompendo uma ligação que não acrescentará nada; ou ler os múltiplos e-mails replicados a todos da empresa (ou família) com trivialidades que, também, não acrescentarão nada. Deixará de dar continuidade àquilo que se determinou a fazer.

Não existe.

Como trabalho com empresas familiares, um dos pontos cruciais nos trabalhos é a busca pela disciplina, e que falta muito na família empresária.

Há muita permissividade, passividade, tolerância diante de atos impensados ou ruins por parte de alguns familiares, frequentemente os herdeiros. Não é culpa deles, pelo contrário. Os pais não se sentem confortáveis em colocar limites! O que é uma pena. Mas podemos falar sobre o Comportamento das Famílias Empresárias em outra oportunidade.

Quero manter o foco na disciplina!

Tenho meus momentos de dispersão, como todos, mas tive, ao longo desses anos, muita disciplina para chegar aonde queria. Abdiquei de muitos momentos agradáveis para escrever minha história profissional, e pessoal, é claro.

Não quero dizer que precisamos ser mecânicos para sermos disciplinados. Não!

Tudo deve ter um equilíbrio, mas se não tivermos um pouco mais de disciplina para fazer acontecer, todos os nossos planos não se concretizarão.

A disciplina é apenas uma forma de atingirmos nosso objetivo, é uma competência que deve ser desenvolvida e aprimorada, pois nos gera satisfação quando concluímos algo a partir do nosso esforço.

Quando estamos em locais onde a disciplina é fator condicionante, costumamos agir conforme o ambiente. Podemos até reclamar, mas depois percebemos o quão importante a disciplina é.

Em minha empresa, sempre usei a disciplina como forma de nos posicionar diante dos clientes, parceiros e colaboradores, pois tinha em mente que a organização e o planejamento só acontecem quando somos disciplinados para tal. Não existe ordem sem disciplina e vice-versa. Precisava criar rotinas, comportamentos e posturas com base em atitudes cordatas e que acabariam por serem apontadas como diferenciais de nossos trabalhos.

Tenho orgulho disso!

Fui muito criticada por ser tão exigente e, por vezes, intransigente, mas tinha motivos óbvios para fazê-lo. As empresas têm pessoas diferentes trabalhando lado a lado, com culturas, valores e ideais distintos. Para transformar tudo isso em resultado, era preciso muita disciplina. Não me arrependo, pois ouvi de diversos colaboradores quando saíam para trabalhar em outras empresas o quanto a disciplina fez a diferença em suas vidas e o quanto a falta de organização pode levar a uma desordem.

Temos de lembrar que a disciplina, no entanto, assim como muitas outras competências, sejam pessoais, sejam profissionais, só vai funcionar bem em conjunto com as demais, pois isoladamente ela pode levar a pessoa a agir mecanicamente, fazendo tudo de forma correta e organizada, porém sem um direcionamento, sem foco, simplesmente executando. As coisas podem ficar organizadas, limpas e corretas, mas será somente isso.

A disciplina é algo que pode vir de fora para dentro, mas a autodisciplina é o inverso.

Vamos às definições:

> *DISCIPLINA: é a obediência ao conjunto de regras e normas que são estabelecidos por determinado grupo. Também pode se referir ao cumprimento de responsabilidades específicas de cada pessoa. Do ponto de vista social, a disciplina ainda representa a boa conduta do indivíduo, ou seja, a característica da pessoa que cumpre as ordens existentes na sociedade. Modo de agir que demonstra constância, métodos: a disciplina era necessária para conseguir aquele trabalho.*

> *AUTODISCIPLINA: capacidade de se manter constante nas atividades, estudos, compromissos, tanto pessoais quanto profissionais. É a disciplina, ou seja, a ordem, a regra e a responsabilidade que determinado indivíduo ou grupo se impõe, sem a orientação ou imposição de terceiros. Manter a autodisciplina é essencial para conseguir atingir os objetivos profissionais e pessoais, pois garante o cumprimento de todas as responsabilidades e compromissos que garantirão o sucesso de determinada tarefa, por exemplo.*

Agir com autodisciplina requer esforço contínuo, posturas mais firmes e muita determinação. E toda pessoa ou profissional que deseja ser respeitado em sua área de atuação, ter credibilidade, precisa usar a disciplina como mola mestre. E, ao conquistar isso, a pessoa passa a ser vista com mais respeito, e pode tornar-se um exemplo a ser seguido.

Quando falamos no mundo corporativo, a credibilidade é outro fator *sine qua non*. E em todo começo de carreira ou de um negócio, a disciplina serve como uma ferramenta-chave de sucesso, gerando credibilidade e confiança.

Digo sempre que a disciplina é o adubo para criar hábitos, mais saudáveis, é claro, pois quando nos disciplinamos a fazer algo e o fazemos recorrentemente, criamos um hábito que se torna automático; então a disciplina cumpriu seu papel.

Mantenha-se firme em seu propósito, tenha motivação para ir além, utilize todo seu conhecimento e experiência para levá-lo à frente e tenha na disciplina sua linha de conduta que o manterá na direção certa.

Não podemos abrir mão de tudo que temos para focar somente a disciplina, mas podemos abrir mão de momentos, situações ou encontros que não nos levarão a um ganho maior. É preciso esforço, tempo e dedicação para que algo seja realizado.

Eu posso citar algumas características de pessoas disciplinadas, mas só terão valor se você desejar ser assim. Seja perseverante, não desista. Não se permita ser distraído por situações ou prazeres que só trarão prazer por um breve período. Tenha autocontrole e tente quantas vezes forem necessárias até conseguir realizar o que você se propôs a fazer.

Quantas situações aconteceram em sua vida e de que você, depois, se arrependeu ou se frustrou? Temos desafios e problemas colocados em nosso caminho quase que diariamente, e, para superá-los, temos de agir com perseverança e persistência, mas, para isso, é claro, necessitamos ter disciplina.

É interessante ver o quanto a disciplina nos auxilia em vários aspectos, como a autoconfiança, por exemplo. Aumenta nossa autoestima, gerando satisfação e tranquilidade, tornando-nos pessoas mais felizes. E está claro que o contrário, a falta de disciplina, seja no trabalho, na vida pessoal, seja na social, nos leva ao desânimo, a problemas de saúde e relacionamentos, à baixa autoestima, à frustração e, até, à depressão.

Não quero repetir pontos já citados anteriormente, mas quero lembrar que a disciplina traz benefícios múltiplos, mas pouco perseveramos nela, isto é, não a desenvolvemos para nos auxiliar. A disciplina nos regula a não cometer atos impensados ou impulsivos, nos mantém firmes em nossos propósitos, evitando a procrastinação, muitas vezes presente em nossas vidas.

Podemos nos deparar com muitos obstáculos que são superados quando há disciplina. É aquele levantar pela manhã e não sentir preguiça de se exercitar! Pense nisso.

Dicas:

Comece a definir algumas coisas a que não consegue dar continuidade por falta de disciplina. Algo pequeno que exigirá menos tempo. Anote quais são os passos para não desistir e concluir a tarefa. Analise como se sentiu. Escreva outra atividade que exigirá mais tempo e descreva as etapas. Comece e conclua! Você sentirá prazer e alívio por perceber que consegue ter começo, meio e fim no que se propôs a fazer.

Liderança

"Conhecimento não é aquilo que você sabe, mas o que você faz com aquilo que sabe."

Aldous Huxley

16

Liderança

O texto a seguir reflete muito o que penso sobre liderança:

Homem Suficiente para o Trabalho

Este incidente se passou durante a primeira guerra americana, quando um oficial mandou seus soldados cortarem algumas árvores para fazerem uma ponte. Não havia homens suficientes, e o trabalho progredia muito lentamente.

Um homem de aparência imponente, que estava passando a cavalo, falou com o oficial responsável quando este dava ordens aos subordinados, mas ele mesmo não fazia nada.

— Você não tem homens suficientes para o trabalho, não é?

— Não, senhor. Precisamos de ajuda.

— Por que você mesmo não põe mãos à obra? — perguntou o homem no cavalo.

— Eu, senhor? Por quê? Sou um cabo — respondeu o oficial, aparentemente ofendido com a sugestão.

— Ah, é verdade — respondeu o outro calmamente e, descendo do cavalo, pôs-se a trabalhar com os homens até estar concluído o serviço.

Depois, montou novamente e, enquanto saía, falou para o oficial:

— Cabo, da próxima vez que tiver uma tarefa a cumprir e poucos homens para o serviço, avise o comandante superior, e eu tornarei a vir.

Este era o general Washington.

Extraído de: O Livro das Virtudes II - O Compasso Moral, William J. Bennet - Editora Nova Fronteira

O líder que descrevo é aquele que faz mais do que discursa, ouve mais do que fala, aprende mais do que ensina e transfere mais do que absorve. Esse líder sabe respeitar e ser respeitado. Ele é firme e justo, é confiante e seguro, assim como impõe limites e cobra resultados.

Ele percebe quando algo não está bem e procura alternativas para melhorar ou mudar. É uma pessoa carismática e séria e que, constantemente, se pergunta se o que está fazendo, ou como está fazendo, é o melhor para todos.

Quando falo de liderança, refiro-me ao líder na escola, na família, na igreja, no clube, no time, na empresa, no grupo de amigos, no relacionamento...

Em algum momento somos ou seremos líderes — ou não! Mas é bom falar um pouco sobre liderança e suas características.

Luiz Carlos Cabrera, um consultor que admiro, escreveu um texto sobre liderança, intitulando-o como o *Líder Sustentável*. Ele acredita que ainda temos, nas organizações pelo mundo afora, líderes de *curto prazo*, de *olhar míope* e de *ganância absurda*, pois foram forjados por um crescimento econômico constante, divididos essencialmente em duas categorias: *os sabidos* e *os espertos*. Nesse texto, Cabrera fala sobre o Líder Sustentável descrevendo-o como um *ser correto, justo e com profundo interesse pelo gênero humano, focando-se, portanto, no desenvolvimento das pessoas*.

Ele discorre sobre outros fatores marcantes para esse líder atual, como a competência para entender diversas culturas e transitar por elas sem violentá-las ou ofendê-las, sobre a visão globalizada que esse líder deve ter em decorrência do desenvolvimento de um modelo mental de respeito à diferenciação e ao pluralismo.

Mas, há um ponto que gostaria de discorrer com mais profundidade, e que Cabrera também cita no texto, que é sobre a capacidade de vencer sem prejudicar as pessoas que estão à sua volta. Esse é o ponto sobre ser justo que tanto falo em meus treinamentos e palestras. O ser humano que está em uma posição de liderança tem de agir com bom senso e senso de justiça acima de todos os outros, pois serve como modelo para eles. São pessoas com essas características que têm competência para mudar as coisas.

Foram líderes assim que mudaram a história das organizações e até de países. Muito se ouviu falar de grandes pessoas que deixaram sua marca por onde passaram, e acredito que muitos ainda virão para tornar o mundo melhor do que está.

A responsabilidade de quem está em uma posição de comando é de provar por ações, mais do que pelas palavras, a que veio. Ser multiplicador, educador, responsável e interessado pelo constante crescimento do outro, ser empático, ser questionador, incentivar o desenvolvimento e ser humilde servem de base para o fortalecimento de um líder.

Estamos em uma época onde tudo é mais acelerado, onde as mudanças são constantes e o desejo de renovação e transformação são condições *sine qua non*. Cabe a cada um olhar mais profundamente para dentro de nós mesmos e nos perguntar se é assim que queremos ser, e se construiremos no futuro um líder melhor a partir da mudança em nossa conduta e postura.

Mas não podemos nos esquecer que somos líderes de nossas vidas e com nossas famílias. E pergunto muitas vezes que líderes somos em casa, e como somos percebidos por nossos familiares, cônjuges e/ou filhos?

Trabalho com empresas familiares há muitos anos, e percebo a necessidade de líderes na família quando da ausência do fundador/pai. Ele pode ser o pilar, o exemplo, muitas vezes, para os filhos e genros, mas também pode ser o grande vilão da história, dependendo da percepção de cada um (ver Percepção).

Em minhas vivências com grupos de líderes em organizações pude perceber que as mudanças estabelecidas tinham início sempre em casa para depois serem aplicadas na empresa. Quando esses líderes aplicavam no grupo familiar as mudanças de postura que eram discutidas em sala de aula e elas repercutiam bem junto aos familiares, eles voltavam mais confiantes para aplicar na empresa, pois se sentiam seguros de que seriam aceitos no grupo funcional. E eram!

Ser líder passa por ser íntegro e verdadeiramente cônscio da necessidade de fortalecer o outro com conhecimento e técnica, mas também de posturas e comportamentos mais condizentes.

Acredito que quando tivermos a real consciência de que nossas ações podem ou poderão modificar positiva ou negativamente pessoas e situações, teremos líderes melhores, mais conscientes e pessoas mais sábias. Poderemos, então, viver em um mundo mais justo e mais harmônico, pois seremos, quem sabe, governados por esses líderes!

Torço por isso!

Dicas:

1. Identifique quais os pontos que quer trabalhar com seu grupo funcional e os apresente na reunião. Dê a cada um o Guia de Autocrítica para que eles se autoanalisem nesse papel de líder. Discuta cada um dos itens do Guia e tente encontrar com eles quais as melhores maneiras de melhor desenvolver.
2. Dê tarefas de casa para eles, em que deverão descrever quais os resultados que obtêm hoje e quais os pontos que precisarão ser trabalhados para que obtenham melhores resultados.

Percepção

"A transformação pessoal requer substituição de velhos hábitos por novos."

W. A. Peterson

17

Percepção

Esta é uma competência que acredito ser uma das mais importantes de se trabalhar e desenvolver, e, talvez, por isso eu tenha escrito mais páginas sobre ela. Utilizo muito em meus programas de *Mentoring*, Programas de Desenvolvimento de Líderes e em Projetos de Estruturação Organizacional em empresas familiares, visto que é na família que as percepções são mais comprometidas. A percepção, quando não trabalhada, pode gerar conflitos intermináveis.

Espero ser didática para ajudá-lo(a) em algum treinamento, orientação ou mentoria.

A palavra percepção, que significa *"faculdade de apreender por meio dos sentidos ou da mente"*, deriva do latim *perceptĭo, ōnis,* com o significado de *"compreensão, faculdade de perceber"*.

O verbo perceber vem do latim *percipĭo, is, cēpi, cēptum, cipĕre,* que quer dizer *"perceber, observar, conhecer por meio dos sentidos"*, segundo o Dicionário Houaiss.

Em outras palavras, percepção é o substantivo feminino com origem no latim *perceptione* e que descreve o ato, efeito ou capacidade de perceber alguma coisa.

A percepção começou a ser estudada no século XIX.

Percepção é, em psicologia, neurociência e ciências cognitivas, a função cerebral que atribui significado a estímulos sensoriais, sempre a partir de seu histórico de vivências passadas. Percepção é o processo pelo qual as pessoas processam as informações que afetam seus sentimentos e ações e os de outras pessoas. É o processo pelo qual as pessoas escolhem, organizam e reagem às informações do mundo que as rodeiam. Essa informação é obtida por meio dos cinco sentidos: visão, audição, tato, paladar e olfato.

É por meio da percepção que um indivíduo organiza e interpreta as suas impressões sensoriais para dar um significado ao seu meio.

Alguns fatores contribuem para a diferença da percepção e do processo perceptivo entre pessoas no trabalho. Incluem características do perceptor, do percebido e da situação.

O perceptor: as experiências anteriores do indivíduo, as necessidades, os motivos, a personalidade, os valores e as atitudes podem influenciar no processo perceptivo. Uma pessoa que tenha uma grande necessidade de realização tende a perceber uma situação em função dessa necessidade.

O percebido: as características da pessoa percebida, do objeto ou do acontecimento são importantes no processo de percepção. Características estas como contraste, intensidade, separação da figura com o chão, tamanho, movimento e repetição ou novidade. A intensidade pode variar em termos de brilho, cor, profundidade, som etc., falar cochichando ou gritando contrasta da conversa em tom normal.

Em termos de tamanho, pessoas muito baixas ou muito altas costumam ser percebidas diferentemente e com mais rapidez do que as pessoas de altura média. O contexto físico, social e organizacional do ambiente também pode influir no processo perceptivo. Uma conversa com a chefia pode ser percebida diferentemente acontecendo na área de recepção ou na sala dela com as portas fechadas.

Sendo mais específica, percepção é...

...um conjunto de Sensações que nos fornecem imagens das coisas, pessoas, objetos, situações, reações etc.

Ela é única, pessoal, portanto varia de pessoa para pessoa. Sempre será a maneira como percebemos o meio ambiente. O NOSSO MUNDO!

Entendam que uma pessoa pode não ver a mesma situação da sua maneira de ver, e isso não significa que ela é menos inteligente, insegura ou teimosa.

A forma como percebemos as situações, pessoas ou fatos está diretamente ligada à nossa maneira de ser, à nossa educação e às nossas experiências anteriores, assim como aos valores definidos pela sociedade na qual vivemos.

Se sabemos que a percepção é individual, pessoal, devemos ter consciência de que cada um vai reagir de forma muito pessoal diante de cada situação ou estímulo a que esteja exposto. O que sabemos é que ao receber um mesmo estímulo, que pode ser uma notícia, um acidente ou uma declaração, cada um responderá de uma forma, pois as reações podem ser diversas: um pode sorrir, outro desdenhar, sentir-se perplexo, ficar preocupado ou chorar. Dependerá de como cada um entendeu e interpretou a mensagem. Lembrem-se: as pessoas veem as coisas de maneira diferente. Cada pessoa tem interpretação própria do que arbitrariamente considera ser o mundo real.

Entendam que toda percepção que temos, sejam dos fatos, sejam de outras pessoas, envolve um certo grau de distorção. SEMPRE!!!! A não ser que vocês tenham a mesma matriz. Mas como não é possível dessa forma, as distorções aparecem com certa frequência. É claro que existem pessoas que têm mais perspicácia e conseguem perceber com exatidão a realidade, mas o percentual de pessoas assim é muito pequeno, infelizmente.

É possível ter exatidão em nossa percepção?

Sim, por meio de treino ou muita experiência. Para tanto, precisamos ter consciência do quanto nossa percepção está distorcida e de como podemos torná-la mais precisa, mais exata. Quanto mais questionamos com outras pessoas como elas perceberam o mesmo fato, mais próximos da exatidão estaremos. Se eu tenho uma percepção de uma situação e não confirmo minha percepção com ninguém, a probabilidade de haver uma distorção é maior do que imagino.

Todos nós temos uma História de Vida por meio de experiências anteriores, com nossa família, parentes, amigos, vizinhos, por meio de nossa educação, com nossos colegas ou professores. Os valores repassados para nós, os conceitos que carregamos, entre outros, nos ajudam a escrever nossa História de Vida todos os dias, todos os minutos.

E é essa História de Vida que condiciona nossa percepção (Figura 02).

Por conseguinte, nossa Percepção condiciona nossa ação. A forma como nos relacionamos com as pessoas e com o mundo. Se a minha História de Vida é repleta de fatos distorcidos, minha percepção também o será, e minha ação, ou reação a tudo, será distorcida, pois é uma consequência dos fatos. Podemos mudar nossa percepção? É claro que sim, pois afinal escrevemos nossa História de Vida todos os dias, e posso reformular minha maneira de ver as coisas.

Figura 02

Todos nós temos valores, crenças que foram adquiridas desde nossa infância, além dos nossos preconceitos. Esses valores definem nossa motivação e mexem com nossos sentidos, transformando-os em COMPORTAMENTO que, por sua vez, se reflete em gestos ou palavras, definindo nossas ações.

Nossos valores não são observáveis pelo outro, somente nós os vemos, e as ações são percebidas, observadas pelo outro. Portanto, devemos observar que nossas ações são um reflexo de nossos valores e preconceitos. As pessoas não querem saber se você aprendeu na infância que gritar com o outro era uma demonstração de força, elas querem saber que o fato de você gritar (ação) é inadequado e inconveniente.

Quero falar um pouco sobre as condições que diminuem nossa precisão da percepção. Vamos falar sobre as condições psicológicas, emocionais, entre outras, que comprometem a Percepção, o Relacionamento e consequentemente a Comunicação. Tendemos a distorcer o que falamos quando temos algum comprometimento que destaco agora:

Condições que Comprometem a Percepção e o Relacionamento:

Emoções intensas: é quando nos deparamos com pessoas com ligação afetiva forte, seja positiva, seja negativa, com outros. A tendência é perder o controle e se desequilibrar, comprometendo seus relacionamentos. Um exemplo é quando alguém está ligado afetivamente a outra pessoa, ela tende a não ver, e até perdoar, as coisas erradas que a outra pessoa faz. Quando é para o lado negativo, o outro pode fazer tudo certo, mas a tendência é buscar pelo em casca de ovo, isto é, tende a não ver o correto, mas busca motivos para prejudicá-lo.

Temos aqui a **rigidez de atitude** que pode ser para os dois lados, pessoas excessivamente rigorosas ou excessivamente tolerantes. Pessoas com essa característica têm a visão em corredor, em que só existe um lado: o dela! Ou é rígida demais, impedindo-a de pensar fora da caixa, ou é boazinha demais, em que tudo é permitido.

O **preconceito** é outra condição que compromete a percepção, pois é uma opinião desfavorável que não é baseada em dados objetivos, mas baseada unicamente em um sentimento hostil motivado por hábitos de julgamento ou generalizações apressadas. A palavra também pode significar uma ideia ou conceito formado antecipadamente e sem fundamento sério ou imparcial. Pessoas racistas, intransigentes com certos valores, culturas, nível de escolaridade inferior, entre outras, levam a pessoa a ter uma percepção equivocada, muito comprometida por suas limitações.

Outra condição que compromete a percepção e o relacionamento está relacionado às nossas **características pessoais**, como temores, ansiedade, insegurança. Elas tomam conta de nossos sentidos, e é assim que temos uma percepção equivocada da realidade, pois vemos através desse filtro embaçado.

O medo paralisa. Vocês já ouviram falar?

Pois bem, é isso mesmo, determinadas características pessoais podem nos levar a pensamentos sombrios ou pessimistas e distorcer os fatos pelo temor que temos das situações ou pessoas. Acredito que, em algum momento da vida, todos já passamos por isso. Aquele que consegue se controlar e trabalhar essas características consegue ter uma percepção real das coisas, fatos ou pessoas.

Características pessoais como a **imaginação**, **desejos** e **expectativas** também são outros fatores que comprometem a percepção e o relacionamento. Pessoas muito imaginativas podem ver os fatos e as pessoas segundo a ótica da fantasia. O desejo de algo faz com que as pessoas esqueçam de outras coisas e só passem a pensar, sentir e agir focados no desejo que têm. Vocês já devem ter ouvido falar que não devemos ir ao supermercado fazer compras quando estamos com fome, pois tendemos a comprar coisas de que não precisamos, somente para saciar nossos desejos. Isso também impede de ver os fatos, as situações e as pessoas de forma realista.

Outras condições que comprometem a percepção e o relacionamento são as **diferenças demográficas** como idade, sexo, nacionalidade, religião, ocupação etc. Um exemplo é quando alguém mais novo é criticado por alguém mais velho que diz: *Você ainda é muito novo e não entende das coisas*.

Costumes de regiões diferentes são percebidos de forma equivocada por pessoas de outra região, quando não há o interesse em querer conhecer um pouco mais sobre a pessoa ou a situação. Há uma tendência a criticar e julgar e não conhecer e entender!

É uma pena.

Projeções são outras condições que comprometem a percepção e o relacionamento. Isso ocorre quando pessoas atribuem suas próprias características a outros que não as possuem. A projeção é um mecanismo pelo qual o ser humano atribui a outra pessoa seus próprios sentimentos e motivações.

Em psicologia, **projeção** é um mecanismo de defesa. Por exemplo: pode ser o comportamento de culpar determinado indivíduo por um fracasso próprio. Nesse caso, a mente evita o desconforto de admitir conscientemente a falta cometida, e mantém os sentimentos no inconsciente e projeta, assim, as falhas em outra(s) pessoa(s) ou algo.

De acordo com os psicólogos, este é um mecanismo primitivo de proteção que se manifesta já na nossa infância. À medida que crescemos, podemos construir meios sofisticados de utilizar essa ferramenta, principalmente quando adultos, para trabalhar nossas emoções.

Todas as condições citadas comprometem nossa precisão da Percepção. Mas, é óbvio que temos condições que nos auxiliam na precisão de nossa percepção.

Condições que Aumentam a Precisão da Percepção

Para aumentar nossa precisão da percepção, precisamos nos conhecer cada vez mais para entendermos como processamos nossa visão dos fatos ou pessoas. Nos conhecer mais significa entender melhor nossas atitudes, nossas reações.

Saber quais são nossas qualidades, nossos desejos, ambições e limitações faz com que tenhamos mais facilidade para controlar as emoções, definir objetivos e trilhar uma jornada de autorrealização. Fazer terapia é um dos recursos mais saudáveis de se conhecer mais e melhor. Tendo um conhecimento mais profundo sobre nós mesmos, conseguimos perceber com mais clareza quando nos equivocamos em um julgamento ou definição de algo ou alguém. **Autoconhecimento** permite reconhecer nossas próprias limitações ou preconceitos.

Outro fator que aumenta a precisão da percepção é a **flexibilidade**, que dá abertura à aceitação de novas informações e à modificação de nossas impressões. Permite que enxerguemos as coisas, fatos ou pessoas sob nova ótica. Um dos pontos fortes da flexibilidade é a capacidade de ouvir. Saber escutar ajuda na flexibilidade.

E outro fator que aumenta a precisão é o **equilíbrio**, pois pessoas em harmonia consigo mesmas têm melhores condições de aceitar e compreender os outros. Estar em equilíbrio abre a mente para novas formas de ver o outro e entender suas razões, pois não reagimos, não rejeitamos, e sim nos aproximamos.

Quantas vezes deixamos de perceber algo por estarmos tão envolvidos em outra situação? Temos uma visão em corredor, olhando somente para aquele ponto. Esquecemos de ter uma visão sistêmica para observar outros componentes que, provavelmente, vão dar mais luz aos fatos ou situações.

Vamos falar um pouco mais sobre os fatores que afetam a percepção, pois é algo que costumo trabalhar em meus Programas de Desenvolvimento e que geram uma discussão mais acalorada dos participantes, visto que se identificam ou identificam outras pessoas com as características que cito agora.

Seletividade perceptiva: entramos em contato com os estímulos que nos atingem por meio de nossos órgãos dos sentidos e temos a tendência a selecionar o que consideramos importante e a deixar para segundo plano o restante.

P. ex.: costumamos perceber nas pessoas que não gostamos apenas seus defeitos. Nas pessoas amigas, às vezes *perdoamos* ou *não enxergamos* seus defeitos. É a tendência de destacar os aspectos de uma situação, pessoa ou objeto que estejam em consistência com nossas necessidades, valores ou atitudes. Outro exemplo é, quando é solicitado a diferentes executivos de uma fábrica que apontem o principal problema em um caso de política da empresa, cada um deles escolhe como problemas consistentes aqueles relacionados com suas atribuições em sua área de trabalho. Puxar a sardinha para nossa brasa! Conhece esse ditado?

Efeito halo: acontece quando um certo atributo de uma pessoa ou de uma situação é usado para formar uma impressão geral sobre a pessoa ou situação. Esse termo foi cunhado em 1920 pelo psicólogo Edward L. Thorndike. Em suas pesquisas relacionadas ao exército, ele observou que oficiais atribuíam características positivas aos seus superiores ao descobrir previamente uma qualidade também positiva. Ou também atribuíam características negativas ao descobrir uma qualidade negativa.

Essas distorções acontecem mais no estágio de organização da percepção. Por exemplo, quando encontramos uma pessoa nova, um sorriso agradável pode nos dar uma primeira impressão positiva — de uma pessoa calorosa, honesta. Desse modo, as diferenças individuais ficam ofuscadas. Os efeitos halo são especialmente importantes no processo de avaliação de desempenho, pois podem influenciar na avaliação do desempenho do subordinado pelo gestor. Exemplo: pessoas que não faltam ao trabalho tendem a ser encaradas como inteligentes e responsáveis, enquanto as que faltam são vistas como pessoas com desempenho inferior. Estas são conclusões que podem ser válidas ou não, cabendo ao gestor obter as informações verdadeiras, não permitindo que o efeito halo provoque avaliações tendenciosas e equivocadas.

Efeito contraste: ocorre quando as características de uma pessoa são contrastadas com as de outras encontradas logo em seguida, e estas têm uma graduação maior ou menor das mesmas características. A distorção perceptiva pode acontecer quando alguém, por exemplo, faz um discurso depois de outro palestrante brilhante. Tanto gestores como funcionários precisam ter presente a possível distorção perceptiva que o efeito contraste pode criar no ambiente de trabalho.

Experiências passadas: podem facilitar ou dificultar a percepção, pois tendemos a responder e compreender mais rapidamente as situações quando já a vivenciamos antes. P. ex.: o fato de ter tido uma experiência desagradável com alguém de barba faz com que algumas pessoas tendam a generalizar esse fato às demais pessoas que usam barba: *homem barbado não presta.*

Defesa perceptiva: caracteriza-se por um bloqueio na capacidade perceptiva quando o indivíduo se depara com fatos ou estímulos bastante desagradáveis e que perturbam seu equilíbrio emocional. A defesa perceptiva é, para o indivíduo, uma reação natural de autoproteção. P. ex.: a esposa que não acredita que seu marido a trai com outras mulheres mesmo tendo provas concretas.

Acentuação perceptiva: está diretamente relacionada às distorções que se tem das coisas, das pessoas e do mundo. A pessoa tende a ver as coisas que não existem e/ou a exagerar aquelas que existem e que lhes são agradáveis ou desagradáveis. P. ex.: se existe um clima de disputa entre dois companheiros de trabalho e um se sente ameaçado, perseguido, toda vez que seu *rival* entrar na sala de seu chefe, ele imaginará que é para falar mal dele, para destruí-lo.

Estados específicos: o *estado físico* ou *emocional* — fome, sede, cansaço, depressão, alegria, estresse, humor etc. — pode influir na percepção.

> Ex.: 1. Se alguém tem sede, de nada adiantará estar em um banquete se não for servido água em primeiro lugar.
>
> 2. Um empregado ansioso e com medo de ser demitido vê em todas as atitudes de seu chefe sinais de descontentamento para consigo.

Fatores internos, como memória, experiência, humor e estresse, e **fatores externos**, como o ambiente de trabalho, a exposição e a *performance*, por exemplo, se combinam para influenciar a nossa percepção e as decisões que tomamos.

Se recompensarmos um indivíduo toda vez que ele vir determinada figura, e puni-lo quando vir outra, seu **condicionamento** influenciará sua percepção, fazendo-o perceber mais facilmente o aspecto positivo — o que foi recompensado.

Um exemplo significativo está nas crianças. Toda vez que a criança faz manha e os pais ignoram, eles estão reprimindo um comportamento inadequado. Toda vez que eles elogiam um comportamento agradável da criança, estão fazendo o que chamamos de **Reforço Positivo**, criando na criança uma condição de fazer o melhor para receber o reforço positivo.

O condicionamento mais conhecido são os realizados com cães.

Precisamos lembrar que todos os fatos têm os dois lados. Quando nos limitamos a ver somente um, podemos perder a chance de ver o todo.

Quanto menos tempo temos para conhecer alguém ou alguma coisa, um fato, por exemplo, menos chances temos de ver o real, de ter uma percepção justa, e acabamos por deduzir as coisas somente com as informações que temos. Se forem poucas, com certeza nossa percepção não será real.

Quanto mais trabalhamos e aprimoramos nossa percepção, menos desvios de comportamentos teremos, menos desalinhos nos relacionamentos teremos e menos ansiedade, também. Portanto, a escolha é sempre nossa.

Faça sempre algumas perguntas antes de julgar, definir ou acusar alguém:

1. *O que ele quer dizer com isto?*
2. *Preciso identificar outros pontos?*
3. *Será que as coisas se passaram desta forma mesmo?*
4. *Estou vendo as coisas sob minha ótica apenas?*
5. ...

Sua mente determina a forma de perceber os acontecimentos na sua vida!

Faça, sempre, sua melhor escolha!

Dica:

Em suas reuniões de grupo, seja de família, seja da empresa, distribua fotos, imagens iguais entre os participantes e peça que eles escrevam como a percebem (atividade individual). Depois peça que cada um leia o que escreveu. Surgirão dados e explicações de diversas formas sobre a mesma foto ou imagem. Dependendo da característica de cada um, de sua história de vida, de seus valores, entre outros, teremos interpretações muito diferentes. Quando faço algum trabalho de consultoria comportamental em uma empresa, tento criar uma percepção mais próxima da realidade entre as pessoas, pois a distorção gera desgaste emocional e perda de tempo. Ao criarmos grupos discutindo a percepção sobre determinado fato (que queiramos implantar ou trabalhar, por exemplo), geramos um ambiente mais propício a ter uma percepção real. Isso é muito importante quando queremos trabalhar a Cultura da empresa.

Flexibilidade

"Não há que ser forte. Há que ser flexível."

Provérbio chinês

18 Flexibilidade

Todas as vezes em que falo sobre flexibilidade, lembro-me de um bambuzal ao vento. Ele balança docemente (ou fortemente, dependendo do vento), curvando-se de um lado para o outro sem se quebrar. Este é o bambu novo.

O bambu velho é duro e seco e se quebra com a força do vento.

Pergunto-me diariamente se sou flexível, ou não. Tenho necessidade de me autoavaliar com frequência, pois trabalho com mudanças comportamentais e, se eu não trabalhar em mim todas elas, não tenho como ser verdadeira em meus programas de desenvolvimento, concorda?

É claro que há competências em que tenho mais facilidade do que em outras, mas identifico que a falta de disciplina ou determinação para algumas coisas não me deixa obter resultados melhores.

Eu sou normal, portanto, erro, mas tendo a procurar mudar rapidamente para não me sentir culpada ou incomodada depois.

Falar sobre a flexibilidade durante muitos anos me fez perceber que, apesar de perfeccionista, consigo ser flexível com as pessoas e com os fatos que necessitam de maior flexibilidade. Como é possível?

Sou perfeccionista (ou era) com as coisas sob minha responsabilidade ou execução, mas sou flexível quando me pedem algo que recusaria anteriormente. Percebo em mim muito mais flexibilidade que antes, talvez pela idade, não sei, mas me reconheço muito melhor nesse aspecto. Menos exigente ou intransigente.

Para ser mais flexível é preciso, primeiro, querer, depois ser disciplinado para mudar e se convencer de que a mudança trará mais benefícios que malefícios.

Definições de flexibilidade:

> *Habilidade que o indivíduo tem de se adaptar às circunstâncias e de mudar seu comportamento mediante a necessidade do meio.*
>
> *É a qualidade de adaptar-se em tempo hábil às necessidades ambientais (internas e externas) geradas por mudanças.*

Flexibilidade é o oposto de rigidez, então vamos falar um pouco sobre rigidez e suas desvantagens.

O pensador e humanista argentino, criador da Fundação Logosófica e da Logosofia, Carlos Bernando González Pecotche, Raumsol, fala de forma clara sobre os problemas da rigidez e de que forma ela atua, provocando naqueles que têm esse temperamento como marca muitas portas fechadas.

> *Esta deficiência responde a um pensamento inflexível que governa a mente do indivíduo e influi sobre seu caráter, tornando-o duro e contumaz.*

A rigidez afeta os sentimentos, não permitindo que se manifestem em virtude do silêncio a que os submete.

Ela conduz os seres à intransigência pelo endurecimento que promove nos condutos sensíveis. Disto dão provas suas próprias fisionomias, nas quais aparece refletida com acentuado relevo a pertinácia que particulariza essa deficiência.

É próprio do rígido o excesso de zelo no desempenho de suas funções, sejam estas públicas, sejam estas privadas, o que é a causa de sua inflexibilidade com os que estão sob suas ordens. Temos um exemplo em um chefe de escritório que, ante o informe desfavorável sobre a conduta de um de seus empregados, apressado pelo afã de aplicar-lhe um corretivo, não se detém em averiguações que comprovem a exatidão da versão recebida e, sem ver nem ouvir mais nada, aplica uma sanção ao subordinado, vítima talvez de um erro ou, o que seria pior, de alguma calúnia. Posturas dessa ordem advertem a presença de outra falha, a intolerância, irmã siamesa da rigidez.

Quem observa uma pessoa rígida tem a sensação de encontrar-se ante um ser limitado psicologicamente; igual sensação experimenta o rígido sob a pressão inflexível de seus pensamentos. (...)

Praticar a flexibilidade como antideficiência implica suavizar as asperezas do caráter, fazê-lo dúctil e elástico. Implica exercitar o ânimo na condescendência e na conciliação, favoráveis ambas ao bom entendimento com os demais e até consigo mesmo.

Tentei resumir o texto acima, mas achei as colocações dele tão pertinentes, que resolvi deixar assim mesmo.

O interessante é que nem sempre a pessoa rígida se percebe dessa forma. Ela sempre justificará com "razões coerentes" por não enxergar que está sendo intransigente com o outro e até consigo mesma.

Mas será que conseguimos ser flexíveis diante de coisas com as quais não concordamos, por ser um valor para nós? Ou por ser um comportamento habitual que não reparamos? Ou uma postura inconveniente que temos dificuldade em deixar?

Ser flexível significa ter a capacidade de se adaptar após a percepção das mudanças existentes ou das mudanças a serem propostas. Faz enxergar coisas sob um novo ângulo permitindo refletir sobre posturas ou pensamentos que precisa rever.

Não paralisa suas ações e decisões. Pelo contrário, amplia os horizontes, libertando-o de ideias preconcebidas e/ou preconceituosas. Ajuda a eliminar atitudes estereotipadas ou comportamentos irritadiços que comprometem os relacionamentos, sejam na família, sejam na empresa.

A flexibilidade permite impulsionar-se para o novo com tranquilidade e segurança. Ser flexível, em vez de especialista demais, é uma vantagem. Isso não significa que especializações não sejam importantes, mas o desejado é que as pessoas tenham capacidade de agir de acordo com as situações que se apresentam, atendendo às necessidades, sejam pessoais, do mercado, sejam da família, e modelando sua conduta com o objetivo de aumentar essa competência.

Pessoas com grande flexibilidade se adaptam e respondem rapidamente às mudanças e, convenhamos ,as mudanças no mundo são constantes e certas, portanto, é essencial que todos estejam aptos para mudanças rápidas, sejam elas estratégicas, táticas, sejam elas operacionais, pessoal e profissionalmente.

Pessoas flexíveis são abertas e respondem prontamente às novas ideias, perspectivas, estratégias e posições. No seu maior nível de flexibilidade, essas pessoas são também criativas e inovadoras.

Ao pensar em alguns comportamentos característicos de pessoas flexíveis, identifico que são pessoas que reagem rapidamente às mudanças de estratégias, principalmente se os planos atuais falharem. Mostram facilidade de trabalhar em ambiente ambíguo e estabelecem a mudança como sua regra n.º 1. Percebem a necessidade de criar respostas novas para velhos problemas ou situações, aceitando quando erram e retrocedendo na decisão. Interagem com o novo!

Para combater a rigidez colocando em seu lugar a flexibilidade, a pessoa deve procurar exercitar em seu cotidiano a condescendência, a tolerância e a conciliação. Buscar sempre entrar em um consenso com os seus colaboradores, colegas de trabalho ou família.

Como se tornar mais flexível?

Saiba compartilhar com os outros e se integrar às atividades/ situações de forma mais espontânea e participativa. Desenvolva a capacidade de se adaptar às situações sem se alterar, reagindo com naturalidade, e perceba a mudança como algo favorável, não se intimidando diante dela. Saiba ouvir o que dizem e o que "não dizem", escutando com clareza e percebendo as coisas como elas são.

Perceba que não existe só um lado das coisas, portanto, tenha habilidade para se adaptar buscando equilíbrio técnico, psicológico e emocional em qualquer lado. Não se permita ser insegura, conseguindo enxergar suas fragilidades e fortalezas, superando o que for preciso para ficar bem emocionalmente, resgatando sua autoestima. Busque ajuda, se precisar.

Utilize melhor sua criatividade em busca de respostas para situações ou problemas que necessitam de solução; não se abata, crie. Promova o encontro entre as pessoas valorizando o diálogo na resolução de conflitos, ou mesmo na criação de novos projetos, e perceba a importância de compartilhar com os demais os conhecimentos e as informações, enriquecendo a ambos.

É bom lembrar que antes de perder o controle, ficar nervoso, irritado com algo que não se espera, é preciso parar para checar que outra saída pode existir, que solução pode apresentar ao problema ou qual a nova maneira para conseguir chegar aonde desejava. Com certeza terá mais resultados positivos usando mais sua flexibilidade e será uma pessoa mais tranquila e feliz.

É difícil mudar? Claro!

Mas não mudar é muito pior!

Dica:

Faça cursos, ou indique, voltados para as ações maleáveis, teatro, yoga etc. Brinque de mímica, aprenda a dançar; faça coral ou artes circenses.

Perdão

"A mais divina das vitórias é o perdão."

Friedrich von Schiller

19

Perdão

Pedir perdão ou perdoar é algo que devemos aprender e usar sempre!

Mas, o que é perdão?

Perdão
substantivo masculino

1. *remissão de pena ou de ofensa ou de dívida; desculpa, indulto.*

2. *ato pelo qual uma pessoa é desobrigada de cumprir o que era de seu dever ou obrigação por quem competia exigi-lo.*

Li em algum artigo que perdoar é lembrar-se do passado sem dor!

Será isso mesmo? Somos capazes de olhar para trás e não sentir um aperto no peito ao lembrar de alguém que nos fez algo de ruim?

Somos humanos e *herrar é umano!*

O não perdoar dói, incomoda, atrapalha, deixa cego, atropela, mata...

Penso nos meus pacientes e nas crises de angústia e ansiedade que sentem quando têm dificuldade de esquecer e perdoar, ou perdoar e esquecer. Procuro entender as razões que levam as pessoas a não perdoar, a guardar mágoa ou rancor por conta de coisas que não souberam conduzir adequadamente, ou não souberam compreender as razões do outro. É muito difícil, concluo.

Todos temos justificativas a dar, fundamentos racionais que explicam os motivos e as reticências diante dos fatos, mas nada explica o não perdoar! Pelo menos para mim!

Não perdoar é dar importância exacerbada a coisas sem relevância e que não vão acrescentar nada de bom na vida.

Apontamos o dedo para o outro, dando a ele o poder de nos magoar, nos oprimir, e esquecemos que a dor fica em nós, não nele. Sofremos por achar que ao perdoar beneficiaremos o outro! Será?

Ouço exemplos de situações em que o paciente relata que a outra *pessoa não está nem aí*, que não se preocupa ou se incomoda se machucou ou não. É então que pergunto se o outro sabe que o ofendeu ou magoou? *Só se for muito cego de não ver que me deixou assim!!!*

Assim como?

Ele sofre sozinho, no quarto, com pessoas mais próximas, que na ânsia de ajudar reforçam um comportamento inadequado e com percepções distorcidas, muitas vezes.

E é essa dor que faz com que ele levante todas as manhãs para nutrir sua raiva e angústia, vitimizando-se. Ele adoece, padece e não percebe que vive do passado, esquecendo-se que o amanhã nos traz surpresas maravilhosas. Mas ele não vê.

Costumo imaginar a cena com alguém em um apartamento escuro, velho, com teias de aranha pelo teto, luzes amareladas apontando para um retrato antigo, móveis empoeirados, xícaras sobre a mesas, pratos sujos e um gato dormindo no sofá. Parece até filme de terror, mas é isso mesmo que acontece com alguém que não aprendeu a perdoar — vive em um ambiente íntimo assim. Onde a dor, o medo, a raiva, o ódio prevalecem, não dando chance para a luz entrar.

Penso que perdoar é abrir uma janela para o sol entrar. É deixar o vento bater no rosto e refrescar a alma. É sentir a água do mar batendo agradavelmente nos pés e é sorrir para o nada, para o imenso céu azul que aparece todos os dias em nossas vidas!

Quando perdoamos, ficamos livres de coisas que se foram e que não têm mais importância, que não têm representatividade.

Lembrar o passado e as coisas que aconteceram, boas ou não, deve trazer um sentimento saudoso e não rancoroso. Deve nos levar a ir em frente na busca de sermos seres humanos melhores, e não pessoas pequenas e mesquinhas que só sabem falar do passado e das dores que tiveram.

> Houve um caso uma época, de uma paciente que falava somente do passado e dos problemas que viveu. Não havia outro assunto para ela. Sua vida havia estagnado no momento em que percebeu que as pessoas de sua família a magoavam, a maltratavam e tinham inveja dela (sic). Viveu por mais de uma década lamuriando-se das perdas e do que não conseguiu alcançar. Ela não sabia perdoar e, o que é pior, a cada movimento de um familiar, fossem palavras, fossem gestos, era motivo para ela acreditar que estavam lhe desejando mal.
>
> Sua vida andava para trás e, por muitos anos, definhou e levou sua filha para o mesmo caminho, infelizmente. Não foi um trabalho fácil! Consegui, algumas vezes, levá-la a racionalizar as situações, o que clareava o fato e a deixava menos sofrida, mas ela não queria perdoar e queria que eu aceitasse isso. Difícil!

Lembrei-me desse caso, pois ela estampava nas feições marcas profundas de dor pelo fato de não perdoar. Sua família continuava a vida, ela não.

É quando faço reflexões sobre minha real capacidade de perdoar.

Será que sei perdoar? Sei deixar no passado coisas que não representam nada agora?

Deparo-me com lembranças em que percebo um sorriso em meus lábios como querendo dizer que não dói mais, são só lembranças.

E, sim, sei perdoar! Compreender o outro, ouvir o outro, entender as razões que levam as pessoas a tomarem atitudes diversas às minhas nos torna pessoas mais maduras e, com certeza, mais preparadas para perdoar.

Não tenho a pretensão de acreditar que, um dia, o perdão existirá em todos e viveremos melhores tempos. Quem sabe? Vou torcer por isso. Enquanto esse tempo ainda não chega, que tal pensar no bem e não no mal que as pessoas nos fazem, pensar que somos melhores quando não valorizamos o ruim e quando deixamos para trás pessoas que não sabem do nosso real valor!

Reflita sobre isso!

Perdoe!

Autorreflexão

Creio que atingi um dos meus objetivos: concluir este livro!

Iniciei há muitos anos e não fui disciplinada a ponto de concluí-lo. Estava absorta com outras responsabilidades e não me debrucei sobre ele, deixando de expressar minhas opiniões e sentimentos.

Aprendi que quando queremos algo com muita veemência, damos a ele o tempo e a energia necessários para finalizá-lo.

Então, se for importante para você, não desista, não pare, não interrompa. Faça!

Dê a você a oportunidade de ter começo, meio e fim, em tudo na vida. Seja no pessoal, profissional, seja no familiar. O prazer de ver a “obra” pronta é gratificante. Ela nos dá mais energia para seguir adiante e fazer mais.

Tento viver de forma mais intensa e equilibrada minha vida, e percebo que minha energia se multiplica, pois consigo emaná-la para outras pessoas e ambientes de maneira a criar felicidade e motivação.

Gostaria que acontecesse com você também, que a vida fosse mais equilibrada e feliz, afinal somos nós que escrevemos nossa história, então podemos escolher nosso final!

Eu sei que não é bem assim... temos muitas interferências nos bloqueando, ou fazendo mudar o curso, mas naqueles pontos em que a escolha é nossa, podemos fazer do nosso jeito e aprimorar sempre que possível.

Devemos fazer uma reflexão e entender em que precisamos melhorar, mudar, corrigir, para que possamos ser seres humanos melhores, mais equilibrados e cordatos. Se alguma competência lhe fez pensar sobre a melhor forma de desenvolvê-la, pare, reflita e crie uma ação positiva para isso.

Lembre-se de que podemos ser a melhor versão de nós mesmos, portanto, arrisque-se em ser quem você quer ser.

Eu confio em você! Sempre.

Bibliografia Consultada

Ávila, F. B. de S.J. *Pequena Enciclopédia de Moral e Civismo*. Rio de Janeiro: M.E.C., 1967.

Durozoi, G. e Roussel, A. *Dicionário de Filosofia*. Tradução de Marina Appenzeller. Campinas, SP: Papirus, 1993.

GRANDE ENCICLOPÉDIA PORTUGUESA E BRASILEIRA. Lisboa/Rio de Janeiro: Editorial Enciclopédia, [s.d. p.].

Marques, Ramiro. *O Livro das Virtudes de Sempre*: *Ética para Professores*. Portugal: Landy, 2001.

Xavier, F. C. *Caminho, Verdade e Vida*, pelo Espírito Emmanuel. 6. ed. Rio de Janeiro: FEB, 1973.

Heller R. *Como Tomar Decisões*. São Paulo: Publifolha, 1998:17,23.

Araújo Santos F. *A Malha Técnico-Científica*. Porto Alegre: UFRGS, 1998.

Weber M. *Economy and Society: An Outline of Interpretive Sociology*. Berkeley: University of California, 1978 (1914):1:26-28.

Espírito Santo Neto, Francisco do (pelo espírito Hammed). *Renovando Atitudes*. Boa Nova Editora, 1997.

Coyle, Daniel. *O Código do Talento*. Agir, 2010.

Sobrare – Sociedade Brasileira de Resiliência.

Avances en Psicología Latinoamericana: 10.12804/revistas.urosario.edu.co/apl/a.6853.

Harada, Janaina. *Revista Super Interessante:* super.abril.com.br/mundo-estranho/quais-tracos-da-personalidade-podem-ser-definidos-pela-genetica

Pecotche, Carlos Bernando González- RAUMSOL. *Deficiências e Propensões do Ser Humano*. Editora Logosófica.

Frases Importantes

"A paciência é a arte de esperar."

Luc de Clapiers, Marquês de Vauvenargues

"A simplicidade e o amor resumem toda a importância da vida. Diante deles, a metafísica e as ciências carecem de sentido."

Amílcar Moreira

"A dor é inevitável. O sofrimento, opcional."

Carlos Drumond de Andrade

"A criatividade surge da tensão entre espontaneidade e limitações. A última (como os bancos de areia nos rios) forçando a espontaneidade em várias formas que são essenciais para a obra de arte ou poema."

Rollo May

"Criatividade é permitir a si mesmo cometer erros. Arte é saber quais erros manter."

Scott Adams

"A humildade não está na pobreza, não está na indigência, na penúria, na necessidade, na nudez nem na fome. A humildade está na pessoa que tendo o direito de reclamar, julgar, reprovar e

tomar qualquer atitude compreensível no brio pessoal, apenas abençoa."

Emmanuel, psicografado por Chico Xavier

"Tudo o que se fez grande no mundo, foi feito sob o signo do dever; tudo o que se fez de miserável, foi feito em nome do interesse."

Henri Dominique Lacordaire

"O orgulho divide os homens, a humildade, une-os."

Henri Dominique Lacordaire

"Descobrir consiste em olhar para o que todo mundo está vendo e pensar uma coisa diferente."

Albert Szent-György- Prêmio Nobel de Medicina

"Falta de tempo é desculpa daqueles que perdem tempo por falta de métodos."

Albert Einstein

"Os resultados provêm do aproveitamento das oportunidades e não da solução dos problemas. A solução de problemas só restaura a normalidade. As oportunidades significam explorar novos caminhos."

Peter Drucker

"Toda ação humana, quer se torne positiva, quer negativa, precisa depender de motivação."

Dalai Lama

"As pessoas dizem frequentemente que a motivação não dura. Bem, nem o banho — e é por isso que ele é recomendado diariamente."

ZigZiglar

"Habilidade é o que você é capaz de fazer. Motivação determina o que você faz. Atitude determina o quão bem você faz."

Lou Holtz

*"O homem que comete um erro e não o corrige
está cometendo outro erro."*

Confúcio

"Bom mesmo é ir à luta com determinação, abraçar a vida com paixão, perder com classe e vencer com ousadia, porque o mundo pertence a quem se atreve. E a vida é muito bela para ser insignificante."

Charles Chaplin

"A verdadeira esperança é uma qualidade, uma ***determinação*** *heroica da alma. E a mais elevada forma de esperança é o desespero superado."*

Georges Bernanos

"Habilidade é o que você é capaz de fazer. Motivação determina o que você faz. Atitude determina o quão bem você faz."

Lou Holtz

"A disciplina é a alma de um exército; torna grandes os pequenos contingentes, proporciona êxito aos fracos, e estima todos."

George Washington

"O autorrespeito é a raiz da disciplina; a noção de dignidade cresce com a habilidade de dizer não a si mesmo."

Abraham Lincoln

"O fraco jamais perdoa, o perdão é característica do forte."

Mahatma Gandhi

*"...Aprendi, outro dia, que perdoar
é a junção de \" per \" com \"doar\".
Doar é mais do que dar.
Doar é a entrega total do outro.
O prefixo \"per\", que tem várias acepções,*

indica movimento no sentido \"de\"
ou em \"direção\" a ou \"através\"
ou \"para\" etimologicamente falando,
portanto, perdoar quer dizer doar ao
outro a possibilidade de que ele possa amar,
possa doar-se.
Não apenas quem perdoa que se
\"doa através do outro\".
Perdoar implica abrir possibilidades de
amor para quem foi perdoado,
através da doação oferecida
por quem foi agravado.
Perdoar é a única forma de facilitar
ao outro a própria salvação.
Doar é mais do que dar: é a entrega total ...
Perdoar é doar o amor,
é permitir que a pessoa objeto do perdão
possa também devolver um amor que,
até então, só negara...

Arthur da Távola

"É nos momentos de decisão que seu destino é traçado."

Anthony Robbins

Sobre a Autora

Claudia Blaia, especialista em liderança e desenvolvimento do papel profissional, faz programas diferenciados para centenas de pessoas todos os anos. É psicóloga, psicoterapeuta, psicodramatista, palestrante, educadora e consultora de empresas na área comportamental. É pós-graduada em Administração de Recursos Humanos, em Psicodrama Terapêutico e em Marketing. É especialista em Psicologia Clínica e em Psicologia Organizacional, em Mentoring Individual e Familiar. Desde 1980 atua em Desenvolvimento do Papel Profissional de Superintendências, Diretorias e Gerências, Desenvolvimento de Competências e Gestão de Negócios; tendo capacitado inúmeros profissionais ao longo de sua carreira. É orientadora de executivos em busca de capacitação profissional e ascensão na carreira, além de ser supervisora de psicólogos em formação.

Sua vasta experiência a tornou responsável por projetos de Desenvolvimento Profissional da Família Gestora em empresas familiares no Brasil, atuando como Mentora para empresários em processo de Desenvolvimento do Papel Profissional. Também é Conselheira Consultiva de empresas no Brasil e docente em MBA de Gestão de Pessoas e Formação em Psicodrama Terapêutico.

claudiablaia@cmgb.com.br

Amor

Escreva como você se percebe nesta competência e o que pode fazer para aprimorar ainda mais.

Respeito

Escreva como você se percebe nesta competência e o que pode fazer para aprimorar ainda mais.

Relacionamento

Escreva como você se percebe nesta competência e o que pode fazer para aprimorar ainda mais.

Iniciativa

Escreva como você se percebe nesta competência e o que pode fazer para aprimorar ainda mais.

Paciência

Escreva como você se percebe nesta competência e o que pode fazer para aprimorar ainda mais.

Simplicidade

Escreva como você se percebe nesta competência e o que pode fazer para aprimorar ainda mais.

Humildade

Escreva como você se percebe nesta competência e o que pode fazer para aprimorar ainda mais.

Criatividade

Escreva como você se percebe nesta competência e o que pode fazer para aprimorar ainda mais.

Resiliência

Escreva como você se percebe nesta competência e o que pode fazer para aprimorar ainda mais.

Administração do Tempo

Escreva como você se percebe nesta competência e o que pode fazer para aprimorar ainda mais.

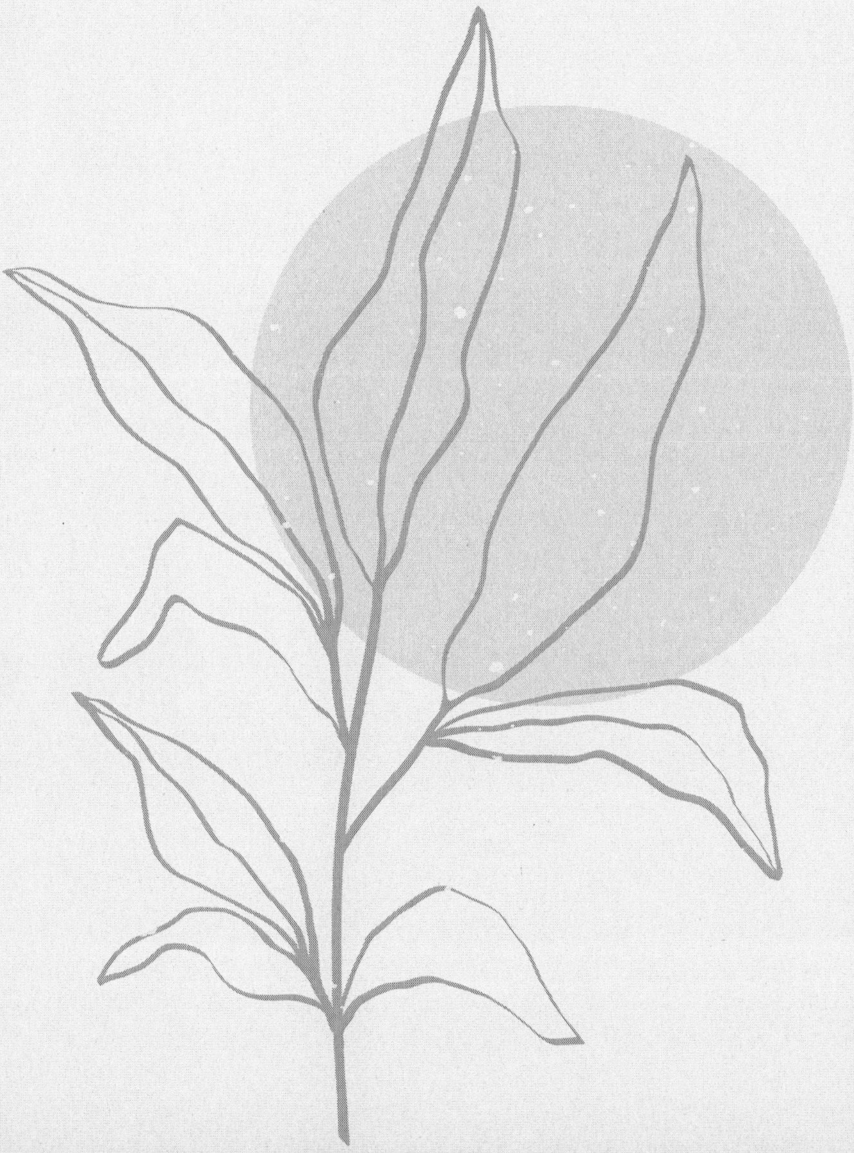

Otimismo

Escreva como você se percebe nesta competência e o que pode fazer para aprimorar ainda mais.

Motivação

Escreva como você se percebe nesta competência e o que pode fazer para aprimorar ainda mais.

Comunicação

Escreva como você se percebe nesta competência e o que pode fazer para aprimorar ainda mais.

Determinação

Escreva como você se percebe nesta competência e o que pode fazer para aprimorar ainda mais.

Disciplina

Escreva como você se percebe nesta competência e o que pode fazer para aprimorar ainda mais.

Liderança

Escreva como você se percebe nesta competência e o que pode fazer para aprimorar ainda mais.

Percepção

Escreva como você se percebe nesta competência e o que pode fazer para aprimorar ainda mais.

Flexibilidade

Escreva como você se percebe nesta competência e o que pode fazer para aprimorar ainda mais.

Perdão

Escreva como você se percebe nesta competência e o que pode fazer para aprimorar ainda mais.